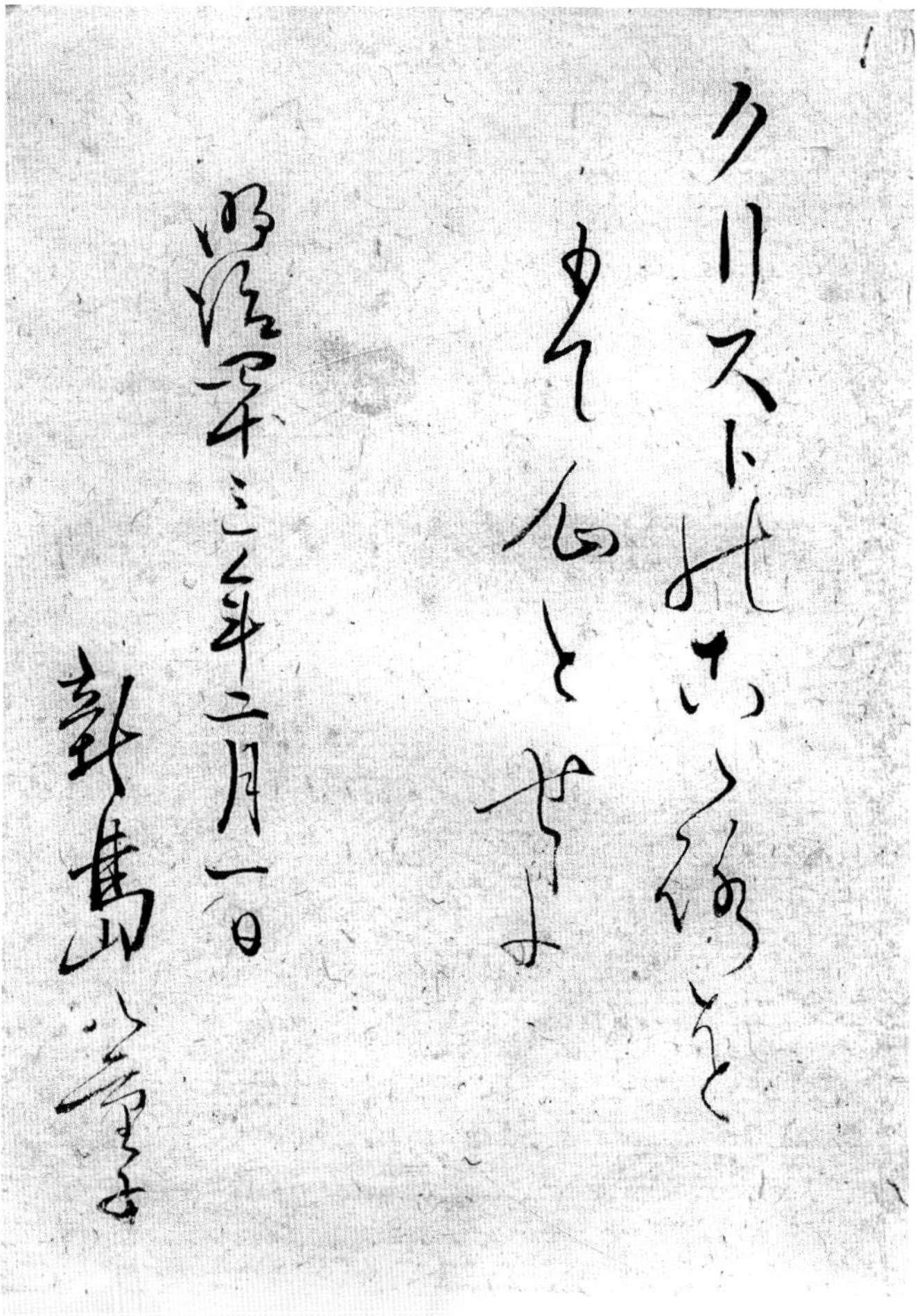

① 新島八重の書「クリストの心をもて心とせよ」（一九一〇年二月一日）

新島八重が晩年に記した聖書の句。「神のよき友と為《な》れ」（拙著『八重さん、お乗りになりますか』口絵⑨）と並んで、彼女の信仰心が明白に窺える点で、きわめて貴重である。大戸正之氏所蔵（山下智子『新島八重ものがたり』130頁参照）。

② 新島旧邸書斎

晩年の八重は、階段の昇降が辛くなったこともあって、自宅(「新島旧邸」)1階東南角の裏の書斎(洋室)を和室に改造して、居室とした。八重が最期に息を引きとったのは、2階の寝室ではなく、この部屋である。彼女の死後、元の姿(洋間の書斎)に戻された(本書88頁参照)。

③　快風丸模型

快風丸は、日本脱国に挑戦しようとする新島を品川から函館まで運んだ船（備中松山藩所有）。絵図を基礎に、同志社は創立130年記念にモデルシップ（縮尺は30分の1）を制作した（2005年）。ワイルド・ローヴァー号の模型（同志社創立125年記念）に続く復元模型である。同志社編『新島襄自伝』（岩波文庫、2013年3月刊）の同志社特装版のカバー表紙に用いられた。

④　容保ざくら

2013年2月27日、八重ゆかりの「容保《かたもり》ざくら」（2本）が同志社大学今出川キャンパスに植樹された（本書86頁参照）。場所は、彰栄館とチャペル（右）の間に新設された広場（サンクタスコート）。奥（左）の建物は新築の良心館（2012年）。

⑤　新島双六

⑥　新島公義

新島双六《そうろく》（『新島襄　その時代と生涯』所収）。兄の襄が函館を出奔後、新島家の跡取りとなる。

新島公義（同志社社史資料センター蔵）。双六の死後、植栗家から養子に迎えられ、新島家を継いだ（本書221頁以下参照）。現当主、新島公一氏（同志社社友）の祖父に当たる。

⑦　新島襄・八重の墓に詣でる大谷寛氏と新島公一氏

大谷《おおや》實氏は同志社総長、新島公一《こういち》氏は新島家当主で同志社社友（本書224頁を参照）。若王子山（同志社墓地）にて2012年11月20日撮影。大河ドラマ、「八重の桜」で八重役を務める綾瀬はるかサンも、会津ロケが始まる前日（同年9月8日）、八重の墓参りをすませた。取材写真が、『同志社大学広報』438（2012年9月30日）の表紙を飾った。

⑧　右から兼子重光、義一、健子
（1908年）

⑨　兼子重光（常五郎）

会津（喜多方）出身の兼子重光は、山本覚馬を頼って同志社に入学。新島襄牧師から洗礼を受けて信徒となり、神学校卒業後は牧師となった。後半生は八重の出身地、会津若松教会の牧師を永年、務めた（本書124頁以下参照）。上は兼子一家（『会津若松教会百年の歩み』所収）、下は、小崎弘道旧蔵写真。

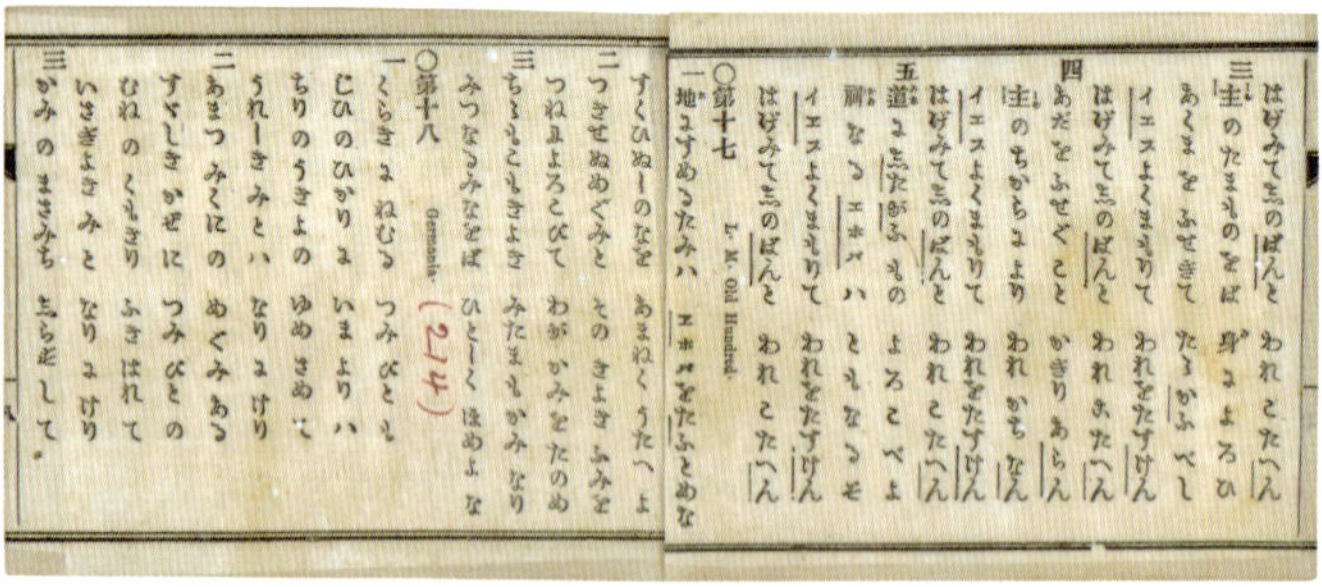

⑩　八重愛用の賛美歌『さんびのうた』

おもて表紙には「八重」、うら表紙には「Yaye」の朱筆の署名が見られる。日英両語で署名がされているのは、珍しい。同志社大学神学部教授（アメリカン・ボード宣教師）であったE・S・カーブ旧蔵のもの。『さんびのうた』は、会衆派（同志社）系の教会が編纂した初期の賛美歌で、1875年版と1879年版の2種がある。

本井康博著

八重の桜・襄の梅

新島襄を語る・別巻(三)

はじめに

滑り出しは、絶好調でした。「平清盛」越えは楽勝か、と思われました。

しかし、桜が開花するころに向かうと、視聴率が下がり始めました。「八重の桜」だけに、皮肉な展開です。

大河ドラマの京都時代に関して、「時代考証」を頼まれている私としては、「対岸の火事」というわけにもいかず、NHKスタッフ並みに、一喜一憂しております。

ドラマはいずれ会津戦争に入ります。ので、ここで一気に取り返すと思います。綾瀬はるかサンが、持ち前のキャラで、魅力を全開させるはずですから。そのあとは、オダギリジョーさんにも期待したいですね。

今年は、「大河ドラマ」をまじめに見なければいけない立場です。にもかかわらず、妙なもので、日曜夜まで「八重の仕事」が入ってきて、なかなかリアルタイムに見ることが出来ません。それで、あわててブルーレイ録画が可能なテレビに買い替えました。

ほかにも、「八重の桜」は、私生活に変調をもたらしました。肩書を「新島襄の追っかけ」から、「八重コメンテイター」に替えようか、というほどの「八重特需」です。

八年前から始めた「新島襄を語る」シリーズの出版も、軌道修正を余儀なくされました。「八重を語る」とも言うべき想定外のコースを増設しました。すでに、八重の本を五冊、出しました。それでも、足りなくて、ついに六冊目です。それが、本書です。

本書で初めて八重に触れる読者のためには、冒頭に「新島八重再入門」を置きました。初級編です。続く数編が、八重のいわば中級編です。今回は、前著『八重さん、お乗りになりますか』で取り上げたような上級の、と言うよりマニアックな話題は、さほどありません。

しかし、類書《ほか》では扱わないようなレアな話しをなるべく入れました。たとえば、書名にも関連することですが、八重は今回、NHKによって「桜」（八重桜！）に擬せられました。が、実は「梅」じゃないか、といった突っ込み。

会津と京都における「八重の歩き方」も入れました。「八重ツア」のガイドブックやナビとして、実際に使えるような実用的なデータを満タンにしておきました。意外にあいまいだった八重の家族状況も、この際、とことん追求して、きちんとしておきました。人気上昇中の八重の「あんつぁま」（山本覚馬）についても、最新情報を入れてあります。

残る幾編かは、新島襄についてのエピソードです。新島という人は、誰よりも「自由人」です。この点、彼は、八重から見ても、出来すぎの夫でした。しかし、公人としての襄は、もっとすごい。そのことが、お分かりいただけるような視点と話題をいくつか用意しました。

奇《く》しくも今日は、私が大学を定年退職（七十歳）する区切りの日です。それで、巻末は「新島研究五十年」と題した「総括」めいた講演で締めくくりました。

で、全体的には新島襄・八重を軸にした、一本、芯を通した構成に仕上げたつもりです。が、現実はただのテンコ盛り、いや、個人情報が混ざったごった煮かもしれません。

それでも、最終的には、新島夫妻の再評価につながってくれるはず、と確信しています。

本井康博

二〇一三年三月三十一日

新島八重再入門
――八十六年を三倍速《はやおくり》で――

驚天動地

まるで「藪から棒」でした。いや、「棒から藪」ですよ。まさか、八重が大河ドラマに出るなんて思いもしませんでした。あり得ないことです。

なぜって、八重ゆかりの私どもの学園（同志社）ですら、八重は、けっしてビッグじゃない。だから、全国的には明らかにマイナーです。地元の会津だって、五十歩百歩だった、と聞いております。

それがいきなり、メジャーデビューですからね。驚天動地でした。だから、二年前（二〇一一年）のNHKの公式発表以来、世の中は、「八重って？」の疑問符だらけでした。あわてて八重の本が、あちこちで作られました。会津では八重ブームに沸いています。私もすでに五回、呼ばれました。

八重が咲く

「八重の桜」のおかげで、認知度は飛躍的に上がりました。「八重本」の多さを見てもわかります。今日の教文館ブックフェアでも、軽く六十種類を越えてるんじゃないですか。多すぎる、と言いたいところですが、私にはクレームをつける資格はありません。そのうち、五種類は私の本ですから。

先月から始まったNHK大河ドラマ、「八重の桜」は、すでに数回を数えています。私は立場上、きちんと見ないといけないのですが、五回中、リアルタイムには二回しか見られない、という情けなさです。日曜の夜にも八重の仕事が入ってくるからです。

ちゃんと見ている人の間では、「綾瀬八重」の存在は、ずいぶんと定着したんじゃないでしょうか。

実は、八重はNHKでは、今回が二度目のデビューです。初回は、「歴史秘話ヒストリア」（二〇〇九年四月二十二日）という番組でした。「明治悪妻伝説　初代ハンサム・ウーマン——新島八重の生涯」という長いタイトルの番組で、八重のことが四十分余り紹介されました。

私はウラで多少、お手伝いしましたから、手前味噌《てまえみそ》になるんですが、いい味を出していました。実は昨日、あの番組を担当されている渡辺あゆみアナの講演会が、同志社（新島会館）で、ありましたので、久々にお会いしました。番組の一部が、会場に流されました。

悪妻からハンサム・ウーマンへ

番組の中の八重は、新島襄《じょう》の妻として宝生舞《ほうしょうまい》さんが演じました。ですから、メインステージは会津ではなく、京都でした。新島が京都に設立した同志社の学生たちからは、「悪妻」呼ばわりされたことが、「悪妻伝説」の始まりとされました。けれども、「悪妻」は見かけにすぎず、本質は、「ハンサム・ウーマン」だ、というのが、番組の狙いでした。とても上手な組み立てです。

今度は東日本大震災と福島原発事故の被害に苦しむ福島、さらには東北地方を盛り上げるために、八重は県人代表に抜擢されました。「福島を元気に」というNHKの英断によって、八重が華々しく開花しようとしています。たしかに、彼女の先駆的な働きや男勝りの生き方は、多くの人に人生や苦難を切り開く力や、雄々しく生きる勇気を与えてくれるに違いありません。

「八重の桜」のPRをかねて、今年に入ってからあの時の「歴史秘話ヒストリア」が、またまた放映されました。一月九日のことでした。ただし、タイトルは「〝ハンサムウーマン〟がゆく　新島八重　不屈の会津魂」と変えられていました。「会津魂」を出すあたり、なるべく山本八重子色を強く出したかったようです。このことから分かるように、会津色を強めたリメイク版になっていました。一分前後の私のインタビュー・シーンは、四年前のリサイクルです。

会津の生誕記念碑

八重（一八四五年～一九三二年）は、長寿でした。八十六歳まで生きました。夫の新島襄（一八四三年～一八九〇年）が四十六歳で死去した時は、まだ四十四歳。その後の独居生活だけでも、四十二年にも及びます。

そこで、今日はビデオの早送りよろしく、彼女の長い人生をざぁっと見ておきます。まず、出身は会津、生誕地は米代《よねだい》二丁目です。鶴ケ城のすぐ近くです。同志社は、同地の宮崎十三八《とみはち》氏が敷地の一部（門の脇の一坪）を提供して下さったのを受けて、今から二十四年前に誕生地に碑を建立しました。

しかし、最近の調査でポイントが四十メートルほど、ずれていることが判明しました。

そこで、昨年（二〇一二年）の夏、私は案内板の末尾を次のようにアバウトに書き直しました。「なお、この碑は、この近辺にあった山本家の旧宅を記念するため、宮崎家のご支援を得て建立し、一九八九年五月三〇日に除幕した」（傍点は本井）。

会津から米沢へ

これまでは、京都に転出するまで八重はここで暮らした、とされてきました。八十六年の生涯の内訳は、会津で二十六年、京都で六十一年だった、というわけです。

ところが、ごく最近、戊辰戦争後に若松の郊外からさらに米沢（山形県）へ避難のため、移住していたことが、明らかになりました。野口信一氏（会津歴史考房主宰）が、同志社大学ＨＰの「新島八重と同志社」（二〇一一年十一月十日）や『福島民報』（二〇一一年十一月二十六日）で紹介されました。

それによれば、京都に移る年（一八七一年）の戸籍、「各府県出稼戸籍簿」には、八重を始め、山本家の女性たちは「羽前《うぜん》国米沢県管内　城下　内藤新一郎方出稼ぎ」とあります。つまり、米沢藩士の内藤新一郎方に山本家一族五人（全員女性です）が寄留している、というのです。しかも、八重の身分は「川崎尚之助《しょうのすけ》妻」のままです。

この点は大事です。その後、米沢で見つかった資料（「鶴城叢書」一七三巻二所収の「明治三庚午《こうご》十月御触書」）でも、一八七二年の時点で八重はなお「川崎尚之助妻」です。

文面では、母親（佐久）ら四人の女性と八重は、「私共家内両家五人」と申し出ています。「両家」

ですから、八重は山本家の一員ではなく、あくまでも尚之助の妻扱いなんでしょう。

兄の誘いを受けて京都へ

さらに川崎が、会津藩士であった記録も発見された、といいます。とすると、これまでの離婚要因は、離婚の時期とともに再検討を迫られることになりそうです。

ところで、米沢で見つかった新資料によれば、八重たちの京都行きは、兄の覚馬の誘いです。「今度西京《さいきょう》表《おもて》ニ罷在候覚馬方より活計立兼可申ニ付、一同罷越候様申越候」と申し出ています。同様に、一家を世話してくれた内藤新一郎にも「山本覚馬方より両家内一同為差登呉候仕候様申越候」（傍点は本井）と頼みこんでいます。

これで山本家の留守家族（女性五人）中、四人が覚馬の誘いに乗り、彼を頼って京都行きを決断したことが明確になりました。残るひとりは覚馬夫人（宇良）です。彼女は「不縁ニ相成リ、斗南《となみ》表江罷越申」したといいます。

八重が語る「白虎隊」（一）

京都に移る以前の八重にとって、会津時代のビッグイベントは、なんと言っても白虎隊、戊辰《ぼしん》戦争（会津戦争）、それに結婚です。

白虎隊に関しては、八重自身の講演録が出てきました（『みさを』四二号、一～三頁、山陽高等女学校行餘会、一九〇九年七月）。岡山の山陽女学校での講話です。彼女の十八番《おはこ》演目《テーマ》でありながら、全文が残っているのは大変貴重です。ので、全文を引用します。

「二十世紀の女子の諸嬢に、天保時代の私がお話をすることが出来ますのは、誠に幸福なることと思います。今日は、丁度《ちょうど》、招魂祭であります故、白虎隊のことにつきまして、少しく申し上げます。

諸嬢もご存じの明治三年〔一八七〇年〕九月十一日には、白虎隊奮闘の日であります。白虎隊は、十五、十六歳の子供で、素《もと》より士族の子弟であります。そのうちには、私が鉄砲のうち方を教へたものが、三人もあります。そして、白虎隊が最も奮戦いたしましたのは、十六橋《じゅうろっきょう》いふ一方山道に沿へる要塞堅固《けんご》の場所で、白虎隊はこの橋をこわして、ここを固守しましたので、官軍はそれがために、ささ山の方からまはりました。

白虎隊も遂にこの場を引き上げて、其《そ》の一小部隊の十六人〔二十人〕は、官軍と共に瀧澤峠に進みましたが、丁度、夜分で官軍と同じ道を進んでゐるとは、夢にも知りませぬ。夜があけてみると、右の肩に錦のきれをつけてゐた官軍が見えたのです。白虎隊の人々は驚いたが、官軍は子供の事とて、毫《ごう》も気が附かなかったのです」。

八重はここで、自分が銃の指導をした白虎隊の隊士は三人、と断定しております。ただし、伊東悌次郎（本書二二三〜二二四頁参照）以外の者は、名前が分かっておりません。講演は続きます。

八重が語る「白虎隊」(二)

「瀧澤峠から会津の城下は、目の前に見えます。飯盛山《いいもり》に入る道は、甚だ細い間道を通って行かねばならぬので、官軍は大道路を通りましたのです。十六人の白虎隊員は、飯盛山に上って、直に入城しようと、暫く休憩した場所は墓地で、そこから若松城がよく見えます。

城中では、米倉と城とが接近して居《い》ますから、〔会津藩は〕これに火をかけて米倉を焼きました。けれども、其《そ》の焔《ほのお》が非常の勢《いきおい》で、丁度、城に火をかけた様に思はれましたので、十六人の白虎隊は非常に落胆して、萬事休す、で力抜けがしました。

遺憾な事には、年長者がないので、誰も指揮するものがありません。相談、遂に一決して、雑兵の手にかかり梟首《きょうしゅ》〔さらし首〕せらるるよりも、潔《いさぎよ》く自殺する方がよいと、健気《けなげ》にも腹をさしちがへ、或るは咽喉をさし貫き、枕をならべて逝きました。

その時は午前の七時頃で、附近の百姓老夫婦が、避難する途中、この場所を通りましたが、白虎隊の一人〔飯沼貞吉《さだきち》〕、咽喉《のど》をつきそこねて、非常に苦しくなったものと見えて、水を飲んでゐました。百姓夫婦はこれを見て、驚いて介抱しようとすると、早く殺してくれと、口にはいへないが、そぶりにあらはれてゐます。百姓夫婦は、その心得をさとし、鬢附油《びんつけあぶら》を疵口《きずぐち》につけて繃帯《ほうたい》し、肩にのせて一民家に逃れ、いろいろ介抱しましたが、水も粥《かゆ》も疵口から吹き出まして、何の効能もありません」。

八重が語る「白虎隊」(三)

「天の助けでせうか、七日目に疵も大分《だいぶ》癒《い》え、遂に全快の幸となりました。白虎隊の行動は、皆この人によりて、知れ渡ったのです。

十六歳の少年が、かくも美事なる最後をとげたかと申せば、維新前の母親は、たしかにしかとしたる精神をもって、子弟に忠孝の道を教へたからであります。人の母でも子でも、我会津藩は、すべて童児訓〔『日新館童子訓《どうじくん》』〕といふ本の序文によりて、教育せられました。それによって、君につかへ、親につかふる道を知らせてゐます。

当時の人は、皆、その序文を暗誦して実行させられました。母たるものは、わが子に常に之《これ》を素族《そどく》せしめた。私は六歳の時に、其の全文を覚えました。それ故に、かの十五、六歳の少年でも、国君あることを忘れぬのであります。

女子は男子と異りて、意志が弱い。それが女子の欠点であります。女子は、国の栄の基礎となるものです。故に意志を強く、忍耐心に富んでゐなければならない。堅い決心をもって、学びの辿られんことを希望いたします」。

八重が語る「白虎隊」(四)

最後に八重は、岡山の女学生に、白虎隊から学ぶべき教訓を伝えます。

「山陽高等女学校の出身者には、その様な方はありますまいが、世の誘惑は恐ろしいものです。白虎隊の人は、母に分れ、又兄弟に分れて、唯一人、出陣しましたのも、皆、童児訓の序文によって、養成せられた結果であらうと思ひます。

何でも決心は幼い時からの事であります。故に文明時代の母となり、姉となって、国家の義務を知らなければ、多くの人の身に〔降り〕かかることもありますから、多年、此《この》学校にお学びになった事が、社会に有益な事をなす基となる様に、学ばれんことを望みます」。

以上です。八重のこの講話では、白虎隊士の壮絶な自害もさることながら、それを生み出した行動指針に、大きな比重が置かれています。最後はやっぱり、『日新館童子訓』に行きつくあたり、いかにも八重らしいですね。

それにしても、この記事の目次には肝心の八重の名前が見当りません。「故新島襄先生夫人」とあるだけです。このあたりにも、女性の社会的評価や八重の知名度の低さがあらわれておりますね。

従軍

八重と会津戦争と言えば、白虎隊士への銃指導と共に、鶴ヶ城での籠城戦が有名です。会津戦争では、彼女は薩摩、長州、土佐を主力とする「西軍」（新政府軍）を相手に、鶴ケ城に立て籠もって女だてらに銃撃戦を展開しました。砲術師範の家に生まれた八重は、早くから鉄砲と大砲を操ることができたのです。近代兵器を駆使できる彼女は、まさに「火の女」でした（福本武久『会津おんな戦記』二四七頁、筑摩書房、一九八三年）。

「火の女」は、父（権八《ごんぱち》）と弟（三郎）を殺された敵軍相手に、果敢に弔い合戦を挑《いど》みました。世にいう「幕末のジャンヌ・ダルク」です。これまでの中野竹子に代えて、NHKは今回、八重をあらたにジャンヌ・ダルクとして売り出そうとしています。番組ポスターの絵柄がそうです。

俗説では、八重の撃ったスペンサー銃が敵将の一人、大山巌《いわお》の大腿部を打ち抜いたことになっています。大河ドラマもそうするかもしれません。しかし、昨日、渡辺アナが正直に告白されたんですが、史実を重んじる「歴史秘話ヒストリア」では、このエピソードは取らなかったそうです。

結婚

ついで結婚ですが、初婚は兄の山本覚馬《かくま》が会津に招いた洋学者、川崎尚之助《しょうのすけ》が相手です。彼は、但馬出石《たじまいずし》藩の出身であったために、敗戦後、別離（離婚）を強いられた、と昨年までは信じられてきました。しかし、川崎が会津藩士に取り立てられていたことが、昨年、判明しました。とすると、事情は大きく変ります。

事実とすれば、離婚の要因は別のところに求めなければなりません。江戸へ戻った川崎の動向とも、最初の夫に関しては、まだまだ謎が多すぎます。二度目の夫、新島の資料がトラック一杯あるとすると、川崎の資料は、せいぜい大匙《おおさじ》一杯でした。

しかし、大河ドラマ効果は凄いですね。次々と資料が出てきて、いまや洗面器一杯くらいにはなりました。その結果、「あさくらゆう」という歴史研究家が、最近『川崎尚之助と八重』という本まで出されました。びっくりです。郷里の香美町《かみちょう》（兵庫県）では、末裔の諒解を得たうえで、「尚之助」という地酒まで発売されてる、というモテ振りじゃありませんか。私も川崎家のご当主から一本いただきました。川崎さんはあさくらさんといっしょに来週、本学の新島会館に来られます。

八重グッズが続々と出現するのは、想定内でした。しかし、まさか川崎グッズが出て来ようとは、思いもしませんでした。それにしても、八重本人はもちろん、周辺の人物に関する新しい事実や資料が、次々と発掘されるというのに、わが新島に関しては、小匙《こさじ》一杯、いえいえ、耳かき一杯の新ネタさえ出てきません。

他の研究と比較すれば、格差がありすぎます。それだけ、新島山の松茸《まつたけ》は、ほとんど取りこぼしがないということでしょうか。一方の八重研究や川崎研究は、突然の新種松茸の出現ですから、前途洋洋たるフィールドです。

山形から京都へ

さて、会津落城後、米沢へ「出稼ぎ」（疎開）に出向いていた八重たちは、鳥羽伏見の戦いのさ中、京都で戦死、あるいは行方不明と思われていた兄の覚馬が、ミヤコで生きていることを知らされます。生き延びているどころか、出世さえしています。京都府の顧問（知事のブレーン）ですから。負け組から勝ち組への鮮やかな転身です。

で、一八七一年八月になって、八重は米沢での避難生活を切り上げ、兄からの誘いを受けて、京都に移る決意を固めます。八重は、母（佐久）、姪（峰）、伯母（この人は、闇の中です）と入洛し、兄一家と同居します。結局、米沢での生活は、一年余でした。女性だけ、しかも流浪の地では生計の見通しが立たなかったのでしょうね。

といって、戦争で焼け払われた会津に戻っても、事情は同じだったはずです。京都への転出は、最後の切札《きりふだ》であったはずです。

同時に注目すべきは、兄嫁（宇良、うら）です。彼女は京都へ行く実の娘（峰）とも分れて、斗南《となみ》（現青森県の一部）行きを選びます。京都の夫（覚馬）に女がいることを聞いていたからでしょうか。彼女としては、覚馬との離婚を決意せざるをえなかったようです。それにしても、北国へ渡った彼女のその後は、杳《よう》として分かりません。気になりますね。

八重の伯母

ところで、米沢で新しく見つかった先の資料には、八重の「伯母」なる人物が、出てきます。米沢から八重たちと入洛し、京都に住んだと思われます。が、彼女に関しては、八重は沈黙したままです。

最近、青木昭博氏が米沢図書館で見つけられた出稼ぎ関係資料では、「伯母　六十八歳」になっています。佐久が六十二の時ですから、八重の母よりも六歳上です（拙著『八重さん、お乗りになりますか』二二六九頁）。

「伯母」のまとまった資料として、現時点で唯一、と思われるのが、熊田葦城《くまたいじょう》著『少女美談』（二二九頁、実業之日本社、一九二一年）中の記事、「山本八重子戦死者を弔ふす」と題された記事です。

凄い女性です。ただし、ここでは、「叔母」となっています。阿部綾子氏が、同志社大学ＨＰ「八重と同志社」の「繋ぐ想い」（第七回）で本文を引用されています。こうです。

「伯母」から激しく叱責

「山本八重子は会津の人にして、父を権八と曰《い》ふ。明治元（一八六八）年、会津籠城の際、叔母と与《とも》に城中に在り。大敵四方を圍《かこ》みて、城将《ま》さに陥《おちい》らんとす。叔母、『敵に乱せし状《さま》を見するは耻辱《ちじょく》ぞ。髪を結《ゆ》ひ直すべし』と告げて、八重子の髪を梳《くしけ》づれる折柄、敵の銃丸、ビユッと耳元を掠《かす》めて過ぐ。八重子思はずハッと驚けば、叔母、『其許《そこ》は武士の子にあらずや。死は予《かね》ての覚悟なるに、銃丸《たま》に恐るゝとは何事ぞ』と叱《しっ》す。八重子実《げ》にもと心付き、『許し玉へ叔母上、我れながら不覚に候』と述べて、深く我身の不覚を謝す。

落城の前夜、更闌《こうた》けて、人定まる。八重子独り城上《じょうしょう》の月を眺めて、感慨に堪えず。笄《こうがい》を抜きて、城の白壁に、『明日よりはいづくの誰か眺むらん　大城《おほき》にのぼる今日の月影』との和歌を刻む。亡国の恨、一首の中に溢《あふ》れて、綿々として尽きず」。

八重より勇ましい「伯母」

最後の和歌（文言に異同がありますが）のことは、どの八重本にも出ています。ですが、それ以外は、新出情報です。あの八重を激しく叱咤《しった》するんですから、「叔母」は相当のツワモノです。こうした女傑が山本家にいるということを考えると、八重のあの剛毅な気性は、この家族に共通するＤＮＡかな、と推測したくなります。

ふたりの交流をもっと知りたいですね。八重を理解するには、格好の人物なんです。が、いかんせん、京都に来てからのことを含めて、まったく不詳です。それにしても、京都でも八重の近くで暮らしたはずの姉や伯母のことを八重はなぜ、黙して語らないんでしょうか。亡くなった前夫のことなら、何となく分らないでもないのですが。

八重の姉については、やっと名前（浦）が特定できました。（拙著『八重さん、お乗りになりますか』（二二九頁の「号外」参照）。さらに調べて見ると、八重が死去した時に、「久保田老夫人」が弔問に来ています（『追悼集』Ｖ、八九頁、同志社社史資料室、一九九一年）。もしも窪田浦とすると、八重以上に長生きしたことになりますが、百歳をこえていますから…。

兄と同居

一方、一八七一年に米沢から妹や母親を迎え入れた覚馬ですが、京都では河原町御池《かわらまちおいけ》の交差点の辺り、今の御池通り（戦時中に拡幅されました）に新しい妻、時栄《ときえ》とともに一家を構えていました。

屋敷は、新門辰五郎の旧宅です。新門と言えば、江戸で名の知れた火消《ひけし》、侠客《きょうかく》で、娘が徳川慶喜の妾です。幕末、治安を守るためにその将軍より京都に呼ばれました。新門が江戸に戻った後、その家を購入したのが、覚馬でした。仲介者は、新選組や新門と交流があった小田勝太郎（時栄の兄）かもしれません（丸本志郎『山本覚馬の妻と孫』一九頁、まるもと、一九九二年）。

そう言えば、覚馬自身も、会津藩預かりとなった新選組や会津の小鉄といった裏（アングラ）の世界の者たちとも通じていました。

覚馬宅のすぐ裏が、槇村正直《まきむらまさなお》（実質的な府知事）の屋敷です。槇村はその後、転居しますが、やっぱり覚馬宅とは目と鼻の先です。槇村は、覚馬を「山本先生」と呼んで信頼し、足と眼が不自由な覚馬を自分の方から訪ねます。そして、何かと相談を持ちかけることが多かったといいます。

山本家の住所

細かい話しになりますが、「山本家の住所は」と聞かれることがあります。町名で言えば、「上京《かみぎょう》区下丸屋町四〇一番地」だと言われています（青山霞村《かそん》『山本覚馬伝』改訂増補、九～一〇頁）。ただ、下丸屋町という町名は、現在、中京《なかぎょう》区にもありますから、紛らわしいですね。中京区が出来るのは、一九二九年ですから、要注意です。

それにしても、下丸屋町は、京都市民の間でさえも、知られていない地名です。当時もそうでしょう。だから、新島などは山本家を「河原丁様」とか、「川原町」、「河原丁」と呼んでおります（『新島襄全集』第三巻、一七三頁、同朋舎出版、一九八三年。以下③一七三。④二六七、三一五、三二四）。これで十分、通用したんですね。そう言えば、佐久の葬儀で読まれた履歴でも、「河原町の自宅に永眠す」でした（本書一五六頁）。

町名に関して不可解なのは、上京区下丸屋町四〇一番地という住所は、今日、ロイヤルホテルの北側、そして河原町通りの東側にあたります。実際の住居跡地は、今の河原町御池の交差点西南部ですから、ロイヤルホテルの西北、つまり河原町通りの西側になります。

現に、上京区役所のネット（「上京　史跡と文化　第一五」三頁）では、そうなっています。門弟の中村栄助も、「河原町御池の自宅」と明言しています（中村栄助『九拾年』五一頁、私家版、一九三八年）。

さらに、「その頃、私達は河原町通りの京都ホテル〔今の京都ホテルオークラ〕の前で、大国屋書店の南隣に居《お》りました」という八重の証言もあります（永沢嘉巳男《かみお》編『新島八重子回想録』六四頁、同志社大学出版部、一九七三年）。

もしも、旧住人の新門辰五郎が京都から出した手紙（封筒）でも残っておれば、詳しい町名が特定できるのですが……。

河原町三条上ル

いずれにせよ、分かりやすさを優先すれば、町名を優先させずに、いっそのこと、「西京《さいきょう》川原《かわら》丁《ちょう》三条上《あが》ル」とするほうが、いいのではと思います。「西京」は、明治以降の用例で、京都を「東京」に比肩させる時の別称です。だから、現代表記すれば、「京都河原町三条上ル」となります。これなら、現代人にもピンときます。当時は、四条ではなく、三条通りが京都を（上京区と下京区に）二分する「赤道」みたいな道路でした。

後年の覚馬は、視力を失ったために自筆の手紙を残していないのですが、さいわい娘の久栄《ひさえ》が、一八八七年に出した手紙が残っています（同志社社史資料センター蔵）。封筒に記された自宅住所は、「西京川原丁三条上ル」です。これが、先の典拠です。

正確な住所はともかく、八重たちが京都で暮らした家のすぐ近くに知事（槇村正直）の家がありました。だから、八重は府庁に押し掛けるだけじゃなく、知事が兄の覚馬に相談するために自宅に来た機会を捉えて、「いろいろむつかしい問題を出して」いたのかもしれませんね。知事自身が、覚馬の妹は、「たびたび、私を困らせている」とも告白していますから（『新島八重子回想録』六七頁）。

女紅場で働く

八重たちが京都に来た翌年（一八七二年）、覚馬の建策と思われる女紅場《にょこうば》が九条家の河原町御殿（丸太町大橋西詰め）に開設されます。日本初の公立女学校で、今の府立鴨沂《おうき》高等学校の前身です。

覚馬の推薦だろうと思われますが、八重は開校直後に教員（権舎長《ごんしゃちょう》兼教導試補）に任ぜられました。寄宿舎で寮母として働くかたわら、女学生に作法や養蚕、機織《はたおり》などを教えます。そう、キャリア・ウーマンのはしりなんです。機織は、会津で経験済みです。この点は、白虎隊士についての彼女の回想の中にも、証言があります。

隣家の伊東悌次郎に対して、「妾《わたし》は『ゲベール銃』を貸して機《はた》を織りながら、教へました」とか（平石辨蔵『会津戊辰戦争』四八三〜四八四頁、丸八商店、一九二八年）、「彼〔悌次郎〕がまだ十四歳くらいの時でした。私が機を織っておりますと、私の傍に来て、狙いをつけようと鉄砲の練習をいたしておりました」と証言しています（拙著『日本の元気印・新島八重』八三〜八四頁）。

なお、府立女学校（女紅場）の開校は一八七二年五月二十日。八重の就職が同月三十日ですから、彼女はまさに創立時のスタッフです（『創立六十周年記念誌』七四頁、九六頁、春錦会・鴨沂会、一九三二年。竹内力雄氏提供）。

女紅場時代の回想

教員時代の八重の詳細は、よくわかっていません。鴨沂高校創立五十周年記念式の際、八重が披露した回顧談が、おそらく唯一のものでしょう。

「次に旧職員、新島八重子刀自《とじ》の懐旧談がございました。刀自は、奥州の山中〔会津若松〕に生れられ、明治五年五月六日〔新暦の五月三十一日〕、即ち女紅場創立当時に、機業及び養蚕の教師として、本校に奉職せられた事をのべられまして、その当時を回想せられ」ました、という前書きに続けて、八重のスピーチの中身が紹介されています。

「本校は、もと主に華族、士族の子女を教養する機関でありまして、当時の職員は、女の先生が主で、梅田雲浜《うんぴん》先生の夫人〔千代と娘のぬい〕なども奉職してゐられましたが、男の先生は四、五人にすぎず、職員十三名に対して、生徒数は僅かに三十名程でありました。

そして、その生徒の服装は、鉄漿《おはぐろ》を塗り、懐剣をさし、実にその美麗な事は、今日から想像も及ばない程で、ただ自分は、これこそ牡丹《ぼたん》の花盛を見る様であると思ひました」（『鴨沂会雑誌』五〇、二〇頁、一九二二年七月、竹内力雄氏提供）。

寮母

本人の回想では、あくまでも「機業及び養蚕の教師」です。再述しますと、正式の身分は「権《ごん》舎長兼教導試補」（寮母）でした（『創立六十周年記念誌』九六頁）。なのに、彼女には寮母という意識は、薄いですね。だから、礼法も教えた、と伝承されたりするのは、要するに日常的に寄宿生の生活指導をあれこれとした、ということでしょうか。

開校当初、「権舎長」（副寮長の意）は八重ひとりです。就任一年後に、八重と同じ職名の女性がふたり就職しております（辞職は、八重の免職直前です）。一八七四年には、「舎長」（寮長）がもうひとり雇われていますから、一時は、四人体制でした。

さらにその直後、「一等舎長」（主任寮長）が加わっています。つまり、ごく短期間ながら、女性教員は、五人ともそろって寮母でした（同前、九六〜九七頁）。ちなみに、「一等舎長」となるのは、蘆沢鳴尾という会津出身の女性です。これまた覚馬の口利きでしょう。八重は彼女を会津時代から知っていたはずですが、なぜか何も書き残していません。

ともあれ、女学校に就職してから三年後の一八七五年四月、八重はアメリカ帰りの青年、新島襄と出会い、そして、十月に婚約します。

新島襄

相手の新島は、江戸（神田一ツ橋《ひとつばし》）の生まれです。父親（民治《たみじ》）が上州安中《あんなか》藩の祐筆《ゆうひつ》であったので、戸籍的には群馬県人です。それにしても生育的には江戸っ子の彼が、どうして会津人の八重と京都で巡り合えたのでしょうか。出身地から見ると、実にレアなカップルです。

新島は二十一歳の時に、それまでの不自由な藩邸生活や窮屈な封建社会を嫌い、自由を求めて、品川から函館へ行き、そこから密出国します。海外生活は十年にも及びます。そのうち、八年間がアメリカ留学です。

海外生活の詳しい消息は、今回は省きます（拙著『ビーコンヒルの小径』参照）。大事なことは、彼にとって、ほぼ理想的な国（アメリカ）と地域（ボストン中心のニューイングランド）で学べたことです。これ以上はないと思われる、素晴らしいホストファミリー（ハーディー家）に恵まれました。会衆派というプロテスタントの教派に出会えたことも、すべてホストファミリーのおかげです。

留学生活の要点だけ、申上げます。①渡米直後に洗礼を受けた、②高校から大学、ついで神学校（大学院）まで行って、牧師の資格を得た、③帰国時には、ボストンのミッション（アメリカン・ボード）から宣教師に任命され、日本伝道のために日本に送り返えされた——以上の三点です。

襄と覚馬との出会い

新島は、ミッションに雇われた宣教師ですから「派遣社員」のような身分で帰国いたしました。彼に指示された伝道赴任地は、大阪でした。先輩宣教師（M・L・ゴードン）の借家に寄宿しながら、彼らと共に新島は、生まれたばかりの教会（現日本キリスト教団大阪教会）の伝道を助けます。

そのかたわら、念願のキリスト教学校の設立に向かって、すぐに運動を開始します。が、あと一歩のところで叶いませんでした。失意のうちにふらりと観光と見物に出かけた京都で、人を介して山本覚馬に紹介され、意気投合します。運命的な出会いでした。以後の新島の人生は、一変します。ボストンでA・ハーディーさん（アメリカの父）に出会えたことに続く大幸運です。

新島は覚馬によって同志社開校、ならびに結婚ができたようなものですから、京都における覚馬の働きは、会津時代にもけっして劣りません。昨日、お会いした渡辺アナの印象では、この一か月間の大河ドラマはさながら「覚馬の桜」、とのことでした。この分では、覚馬は後半も走りますよ。

「管見」

覚馬は、仕えていた藩主・松平容保《かたもり》が、幕府により新設された京都守護職（一八六二年）に任じられたために、会津から（一八六四年頃）、京都に入っていました。すぐに戊辰戦争（鳥羽伏見の戦い）が勃発し、会津藩は敗戦の憂き目に遭います。覚馬は、薩摩藩に捕獲され、幽閉されました。この間、病（目と脊髄）が悪化し、ついには失明の上、歩行できない身体障害者となります。

しかし、幽閉中に作成し、薩摩藩に提出された「管見」という建白書が、彼の開明性を立証するところとなり、京都府（長州閥が支配）に取りたてられて、知事顧問となります。その覚馬から誘致される形で、新島は一八七五年秋に同志社英学校（男子校）を思いがけなくも京都に開くことができました。さいわい、神戸にいたＪ・Ｄ・デイヴィスなどの同僚宣教師の協力も得られました。

神戸でキリスト教的訓練

八重は、この新島に巡り合って以来、彼の同僚宣教師たち（アメリカ人）やその家族との交際を深めました。洋装を好むようになったのもこの頃からでしょうね。とりわけ帽子や靴、なかでもハイヒールが好きでした。「古都のモダン・レイディ」の誕生です。自転車を乗りこなした、との伝承もありますが、真偽のほどは、不明です。たぶん、デマでしょう。

この頃の八重に関して、注目すべきことは、女紅場から「下阪」（大阪行き）の許可をとって、一八七五年の夏休み（八月四日から月末まで）いっぱい、京都を離れています。同志社設立のため覚馬と行った、とする大胆な推測もあります（あさくらゆう『川崎尚之助と八重』一三五頁、二〇一二年）。これは走りすぎです。どこへ行ったか、と言いますと、八重は神戸の宣教師宅で暮らしています（拙著『八重さん、お乗りになりますか』一四頁）。花嫁修業とバイブルウーマン養成訓練を兼ねたんじゃないでしょうか。

この後、一か月半で襄と婚約しているのです。ということは、逆算すると、神戸での夏の修業が功を奏して、八重の信仰は一段とグレードアップしたのでしょうね。九月には新島が彼女の回心（キリスト教入信）を確信し、婚約の決意を固めているくらいですから。

クリスチャン・レイディへと進化

八重と新島の婚約が、知事に知られるや、八重は女紅場（府立女学校）をクビになります。学校の記録では、「山本やへ」の退職の時期は、一八七五年十一月十七日（『創立六十周年記念誌』九六頁）。府庁文書では、同月十八日です（⑧一五〇）。いずれにせよ、勤務は三年半でした。

彼女の退職は、キリシタン禁制の高札《こうさつ》がこっそりと街角《まちかど》から撤去されてから、ようやく二年目のことでしたから、無理ありません。キリスト教への不信感と嫌悪感は、依然として強かったのです。とりわけ、伝統宗教の中枢（宗教的首都）とも言うべき京都は、特別です。要するにキリスト教や同志社は、京都とは完全なミスマッチです。

それでも八重は、こたえません。クビになっても、「これで聖書を学ぶ時間が十分とれるから」と前向きです。夏の修業の成果が、秋になって開花したかのような、信仰熱の高揚振りです。

だから、それ以後も差別やイジメを恐れずに、キリスト教や宣教師になおも進んで接近します。「バテレン」視されかねない牧師の新島とも交流を深めます。そして、翌年正月（一八七六年一月三日）に結婚に及びます。その前日に、八重はデイヴィスから洗礼を受け、京都初のキリスト教（プロテスタント）信徒になります。未知の世界へ敢然と、真っ先に飛び込む勇気は、いつの時代でも八重を特長づける持ち味です。

ハンサム・ウーマン

新島は「クリスチャン・レイディ」となった八重を「ハンサム」な女性と見なします。彼は、見た目よりも心を重視する生き方を「ハンサムに生きる」(do handsome) と形容します。これを「ハンサム・ウーマン」と言い換えたのが四年前にＮＨＫ「歴史秘話ヒストリア」で八重を取り上げた担当者です。

この用語を「男前の女性」と訳すのは、論外です（本書五〇頁参照）。新島的じゃありません。彼が言いたいのは、見た目は関係ない、のですから。男前でも女前でもありません。あくまでも、心がハンサムであることが大事なんです。

「ハンサム・ウーマン」に類した書名を冠した八重本が、すでに何冊も出ています。ですが、私が不満なのは、たいていの本がキリスト教や信仰抜きで八重を論じていることです。「ハンサム」を使う以上、名付け親とも言うべき新島の使用法を守ってほしいですね。

ハンサム・カップルを目指す夫妻の新居は、現鴨沂《おうき》高等学校東南角の辺りにあった借家（岩橋家）です。一八七五年六月に大阪を引き払って入洛してからの新島は、山本家に下宿するか、旅館に泊るか、のどちらかでした。独身時代の最後は、岩橋家を借りて独居しました。新島はここへ新妻を迎えるわけです。

女子教育

この新居で、八重は宣教師（E・T・ドーン）夫人の力を借りながら、近所の女児たちを集めて、一時期、私塾を開きます。集まった中に、男の子がひとり、混じっているのもご愛嬌です。

この年（一八七六年）、女性独身宣教師（A・J・スタークウェザー）が初めて京都に送り込まれ、宣教師宅（デイヴィス邸）に女子のための学校（完全なミッション・スクールで、名前は「京都ホーム」）を立ち上げました。今の同志社女子部の前身校です。一八七七年には同志社に吸収されて同志社女学校と改称され、新島襄が校長に就きました。学校はやがて、現女子部今出川キャンパスに移転します。

八重は、設立前後の「京都ホーム」を手伝います。ついで、母親（佐久）や宣教師（D・W・ラーネッド）夫人ともども、同志社女学校も助けます。母親と共に、寄宿舎に住み込む時もありました。

新島旧邸

一方、自宅ですが、一八七八年に今の「新島旧邸」が竣工します。初の持ち家（マイホーム）です。都合、十四年間にわたった襄との夫婦生活のうち、十二年間はここです。それを含めて、八重はここで五十数年間、暮らすことになります。終《つい》の棲家にもなりました。

その間、襄は、一年半もの第二次欧米旅行を始め、伝道、募金、講演、学生募集などで家を空けることが多くありました。また、新婚時代は、自宅の居間や応接間が教会（今の同志社教会）を兼ねましたので、初代牧師である襄を助ける牧師夫人としての働きも期待されました。普通の家庭を切り盛りする以上の力が必要な上、公私の区別がない生活でした。

それを懸念したアメリカの篤志家（J・M・シアーズ）が、自宅、ついで教会堂を建てる資金を新島に送って来てくれました。こうして、ようやく自宅（新島旧邸）と会堂（同志社教会）が分離され、最低限のプライバシーだけはなんとか確保できるようになりました。しかし、完全な分離は、無理です。

夫妻で旅行

八重は夫と日本全国を旅しています。ちょっと挙げるだけでも――北海道（函館、札幌）、仙台、山形、安中、伊香保、大磯、岸和田、須磨、岡山――かなりあります。

意外に知られていないのが、岡山です。一八八〇年の秋（十月）、夫妻で岡山教会（同志社系）を訪ねています（⑧二〇七）。新島の死後で言えば、養女の初が結婚した夫（広津友信）が、一九〇一年から一九二〇年まで六高の教授でしたから、孫（特に襄治）に会うためにもたびたび岡山市に出向いたはずです。時には、講演を頼まれることもあったようです。たとえば、一九〇九年には、山陽女学校で講演――先に紹介した「白虎隊」です――を披露しています（浜田栄夫「上代知新《かじろともよし》と新島襄」四三頁、『上代淑《よし》研究』創刊号、山陽学園大学、一九九六年三月。川端淑子氏のご教示による）。

襄は晩年、同志社を大学にするための運動（募金活動）に邁進します。が、上州での募金活動のさなかに発病し、大磯（神奈川県）で死去しました。遺体は、東海道を列車で京都（七条駅）まで運ばれて自宅に安置され、キャンパスでの葬儀に備えられました。式後、学生たちは亡骸《なきがら》を棺台に乗せ、交代で山の上（若王子《にゃくおうじ》山）まで担ぎ上げます。今の同志社墓地の始まりです。

新島の死後

襄の死後、八重は同志社とも適当に距離を置き、学校に干渉することは、ありませんでした。この間の特筆すべきことは、チャリティ活動とボランティア奉仕です。日清、日露の戦争時には、篤志《とくし》看護婦として大阪と広島の陸軍予備病院へ出張しました。

病院へは何人もの若い看護婦を引率し、現場で監督したばかりか、自分でも傷病兵の看護、介護というボランティア活動を繰り広げました。ひとつには、信徒としての奉仕精神が、働いたと思われます。さらに、鶴ケ城での籠城戦で昔取った杵柄《きねづか》が、ものを言ったはずです。「日本のナイチンゲール」と呼ばれる所以《ゆえん》です。

「新島旧邸」を改造

後半生の八重は、養女の一家（広津家）の後を追っかけるように、岡山、山形、東京などへよく出向きました。しかし、生活の基本はもちろん京都の自宅、「新島旧邸」です。いまも復元保存され、公開されています。

ご覧になれば、すぐお分かりのように、洋間主体ですが、基本は和洋折衷です。現存する建物から、往時の生活が窺えます。ただし、八重は新島の死後、一階南半分を改造しました。階段の昇降が体力的にこたえるようになったためで、一階にある裏の書斎を和室にして居室とします（本書口絵②）。

さらに、その向かいの洋間に茶室（四畳半）を組み込みました。竣工すると、指導を受けた裏千家家元（圓能斉《えんのうさい》）に「寂中庵」と命名してもらいます。晩年は、ここを拠点にひたすらお茶三昧の生活でした。

風呂は、近所の風呂屋を愛好します。ただし、早朝六時の「一番風呂」にこだわったようです。一番乗りをライバルの女性に取られると、入浴せずに帰宅した、というエピソードが残っています。勝気ですね。

京都の飯盛山

八重は長寿でしたから、数えの八十八歳を祝う米寿の祝宴が計画されました。が、皮肉なことに、その頃、珍しく病床に就いたために、中止になりました。その後、お茶仲間と米寿記念のお茶会を大々的に行ないました。

亡くなる前日も、お茶会でした。翌日、容体が急変し、新島旧邸の居室（今の書斎）で死去します。遺体は、葬儀会場（栄光館）から若王子《にゃくおうじ》神社のあたりまで車で運ばれ、そこからは襄の葬儀の時と同じように学生たち（同志社アーモスト館寮生）に担がれ、洛東・若王子山頂の市営墓地（現同志社墓地）に土葬されました。今も夫の墓と並んでいます。

若王子山は、東山三十六峰の第十六峰にあたり、標高（百八十三メートル）では会津の飯盛山《いいもり》（三百十四メートル）よりはるかに低い。八重が鉄砲の射撃指導をした伊東悌次郎を始めとする白虎隊士は、今もその飯盛山で鶴ヶ城を見下ろすように眠っています。

八重にとって、若王子山は京都の飯盛山です。彼女は東山の山頂から夫と共に、同志社の営みを今も見守ってくれているのでしょうね。それとも――夢は会津を駆け巡っているのでしょうか。

（キリスト教文化講演会、銀座・教文館九階ウエンライトホール、二〇一三年二月九日）

日本ニテハ、何楼ノ妓《ぎ》ヲ愛スト云《い》ヘハ、人ハ別ニ笑ハサレトモ、己ノ妻ヲ愛スト云ヘハ、人大ニ之《これ》ヲ笑フニ至ル。是《これ》、誤リ之《の》甚キ者也《なり》。

妻を愛することが恥ずかしい国

熊本で一八八〇年十一月二十日に行なった「人種改良論」という講演の一節（①三六三）。牧師として、新島は当時としては特殊な女性観をもっていた。彼によれば、日本国、ならびに日本人の文化的発展や向上は、「夫婦相愛」にあった。これこそ、「人種改良ノ最上法」であり、一国の文化の基底に置かれるべき原則であった（本書七三頁を参照）。

しかし、妻を愛することは、日本では「恥カシキ事」と蔑《さげす》まれていた。当時の同志社においてさえも、新島が公開の席で八重のことを「わが愛する妻」と呼んだ場合は、学生たちから困惑、失笑、軽蔑、嫌悪、といった反応が出るのが、関の山であった。新島の夫婦観は、百年以上、早かった。

ハンサム・カップル
——八重の桜・襄の梅——

同志社入社はバイトから

新島学園は、名前からして、私には親戚みたいなもんです。創立の系譜や人間的な交流の面でも、京都の同志社とは、姉妹関係にあります。

今日は、大事な新島襄生誕記念講演会に去年に続いてお招きいただき、光栄です。実は、私はこの三月で同志社を定年退職いたします。だから、現役の教員としてここ高崎でお話しするのは、おそらく最後だろうと思います。そこで、まず私的な経歴から話をさせてください。

私は他の教員とはかなり違う経歴の持ち主です。神学部の教授に呼ばれたのは、なんと六十歳を過ぎてからです。だから入学式に参列し、壇上に上がったのも、九年前、二〇〇四年が初めてです。それまで、私は十四年間にわたってアルバイト、あるいは嘱託職員、嘱託講師として同志社大学で働いておりました。

それが、同年春、初めて正社員（同志社では正規のスタッフを「社員」と呼びます）にしていただき、入学式で登壇するという晴れがましい業務が、入ってきました。いわば、同志社デビューです。

私の場合、正社員イコール大学教授（マスコミが好きな言葉で言い替えると、大学院教授）でした。

野球で言うと、ボール拾いがいきなり一軍、しかもレギュラーに抜擢されたような、異例の飛び級人事でした。

教授初仕事は『文学部唯野《ただの》教授』

その年の入学式が、大学教授としての仕事始めでした。会場のデイヴィス記念講堂（京田辺キャンパスです）に辿り着くまでの道中、なかでも地下鉄や近鉄の車内では、ひたすら同志社のOB作家、筒井康隆氏の『文学部唯野教授』を読み耽《ふけ》りました。内定をもらった時から、決めていたことでした。「目指せ、神学部タダノ教授！」という「初心」を、身体に沁み込ませるための、儀式めいた行動でした。私には、小説の登場人物よりも、もっと大きなモデルがいました。それが、新島襄でした。新島には、創業者や校長、いや教師であるという意識さえ、ほとんどありません。そこがスゴイです。

新島の知人に森有礼《ありのり》というVIPがいました。文部大臣（初代です）のおり、同志社を視察するため、一度、来校したことがあります。全校生徒に向かって、チャペル（本書口絵④）で一席ぶった時は、ずいぶん尊大で横柄な態度だったようです。話を聞いた学生たちにも、一様に不評でした。

彼を見送った後、新島は、「森は馬鹿者。たかが大臣くらいで、どうしてあれほど威張るのか」と慨嘆したといいます（拙著『千里の志』二〇〇頁）。新島にとっては、上り詰めた大臣のポストでさえ、「たかが」でした。

あれから八年

最初の入学式の時の「初心」から、九年が経ちました。最後まで「タダノ教授」を維持できたのか、それとも調子に乗って「オレガ教授」になりはしなかったか、自己点検する今日この頃です。

私の心境はともかく、京田辺キャンパス周辺の景観は、あの時とほとんど変わっておりません。とりわけ、近鉄やJRの駅から大学までの坂です。いわゆる「定年坂」です。定年退職まで三か月を切った今の私には、やっぱりキツイですね。最後の入学式では、アイポッドに中島みゆきの威勢のいい曲を仕込み、リズムに乗って、坂を一歩一歩上りました。とくに「語り継ぐ」という曲が、身に沁みます。「♪旅は終わらない」と詠っています。

神学部教授としての九年間、それは主として新島襄を語り続ける日々でした。大学教員になって何がありがたいか、と言えば、ふたつあります。好きな研究（だけ）をして生活できること、すなわち研究三昧《ざんまい》。これは教員冥利《みょうり》につきます。次いで、研究費や出版助成金が出ることです。嘱託講師の期間が長かった私には、夢見心地の特典です。

大河ドラマ効果

おかげで、毎年、本を出版（基本は自費出版）することができました。「新島襄を語る」シリーズ全十巻の企画（既刊九冊）は、その最たる成果です。「八重の桜」の発表以後、きゅうきょ、新島八重を取り上げた別巻（二巻）――八重本は都合五冊――を出しました。それらを含めると、これだけで十二冊です。

それにしても、ＮＨＫの大河ドラマというのは、すごい影響力ですね。八重の本を数冊も出すなんて、それまで予想もしなかったことです。

去年の秋、青森県下北半島の先端（風間浦村《かざまうら》）で、「八重の桜」の話をする機会がありました。今の「平清盛」はすこぶる低空飛行、なので綾瀬はるか待望論が、一部ですでに出始めている、といったことをマクラに振りました。そうしたら、別の講師が、熱くアピールされました。「清盛をぜひ見てほしい」と。土地の校長先生のようで、「松山ケンイチは私の教え子です」と紹介されました。これには参りました。まさか、平清盛がむつ市の田名部《たなぶ》中学校を出ているなんて、想定外でしたから。

十一月には、比叡山から電話がありました。神学部の教員ですから、平常、お坊さんとの交流はほとんどありません。なのに、延暦寺《えんりゃくじ》から八重の話をしてほしい、との依頼でした（本書一六三頁以下）。世の中、新島夫妻の頃とは、様変《さまが》りですね。八重が聞いたら、さぞかし喜ぶと思います。

なぜ八重が

それにしても、清盛に比べれば、八重はほとんど無名です。いえ、新島襄ですら、あんがいマイナーです。新島学園のある先生が、群馬から東京の研修会に参加して、「新島から来ました」と自己紹介したら、ある参加者から、「海は荒れませんでしたか」と聞かれたというじゃないですか。

大半の都民にとっては、新島はあくまでも島です。まして、その妻ですよ。きっとマイナーの二乗でしょうね。教科書や百科事典に載らない、そんな八重が、なぜ大河のヒロインに抜擢されたのか、大きな謎です。大河ドラマの主役を売り込む団体や組織は、全国では四十は下らないはずです。

去年、岡山に行きましたら、「山田方谷《ほうこく》」を押そう、と県民は意欲的でした。たしか、十年ほど前に行った時は、「板倉勝静《かつきよ》」（新島が仕えた安中藩《あんなか》の本家ですね）を陳情中でした。シナリオも地元ですでに作り上げたという触れ込みでした。例の快風丸（本書口絵③）に新島が乗る許可を認めてくれたお殿様ですから、当時は私も応援したい気分でした。

誰も頼んでいないのに

ほかには、三重県の「藤堂高虎《とうどうたかとら》」や会津の「保科正之《ほしなまさゆき》」の陳情運動が有名です。保科でなくとも、同じ会津では野口英世というもっと強力な候補者がいます。知らない日本人の方が少ない偉人です。八重の知名度は、千円札の肖像はもちろん、十円玉の平等院以下でしょうね。いわば一円玉程度の八重が、野口博士を出し抜くのですから、驚きです。

反対に、今回の「八重の桜」は、誰も陳情しなかった、という点で、極めて異色のセレクトです。出身地の会津でも、関係が深い同志社でも、売り込みはまったくのゼロでした。つまり、どこからも頼まれていないにもかかわらず、ＮＨＫが一方的に英断を下したんです。

そこへ、「三・一一」が

それだけ、「三・一一」の出来事が壮絶だった、ということでしょう。「福島、ひいては東北に元気を届ける」使者として、八重は稀有《けう》の存在と認められ、大いに期待されたのです。まさに「日本の元気印」です。会津名産の「起き上がり小法師《こぼし》」さながらに、倒れても倒れても、何度でも立ち上がります。

そうした強靭《きょうじん》なキャラの持主を、はたしてあの綾瀬はるかサンが演じられるか、といった懸念、心配が一部にはあるようです。たしかに、見た目で言えば、あの華奢《きゃしゃ》な身体で大丈夫だろうか、ほんとにゴツイ八重になれるのか、ちょっぴり不安になります。

ですが、人はあんがい見かけによらないもの。まして演技力のある女優さん、であれば、大丈夫でしょう。それに意外にも、綾瀬はるかサンは、子どもの頃は、男の子とよく遊んだ「お転婆《てんば》」だったというじゃありませんか。

八重もお婆さんになってからも、「子供の時から男子の真似が好きで、十三才（満では十二歳）の時に米四斗俵を自由に四回まで、肩に上げ下げをしました。又、石抛《いしな》げなどは、男並みにやって居ました」と誇らしげに語っています（平石辨蔵『会津戊辰戦争』増補版、四八五頁、丸八商店、一九二八年）。さらに、生涯にわたって、「戦争上がりのお転婆娘」を自称していますから（拙著『ハンサムに生きる』八六頁以下）、綾瀬サンを選んだのは、いいキャスティングです。

体育会系

さらに、綾瀬サンは、体育会系です。広島時代の中高のクラブ活動は、バスケやら陸上（ハードルと駅伝）だったといいます。空手もやった、とも聞いています。そう言えば、去年九月に京都に来られた際、八重のお墓参りのために若王子《にゃくおうじ》山頂の「同志社墓地」まで、七分で駆け上がりました。私なら、途中で休憩を入れますから、たっぷり十五分はかかります。

その翌日から始まった会津ロケでは、多少の危険なシーンでも吹き替《かえ》を使わずに撮影をしたようですね。身の軽さは、想像以上のようです。であれば、薙刀《なぎなた》も鉄砲もそれなりにクリアするでしょうね。

一方の八重ですが、「今の世なら、運動選手などには自ら望んで出たかも知れません」と晩年に語っております（『会津戊辰戦争』増補版、四八六頁）。国体やインターハイ、インカレ、はてはオリンピック出場もあったかもしれません。そこで、過日、会津の講演会でご一緒した時に、メダリストの高橋尚子さんにもその話を振ってみました。「八重なら、どんな種目がふさわしいですか」と聞くと、「マラソン！」と即答されました。うーん、これはかなり我田引水ですよね。

私が見るところ、走るのは苦手《にがて》、無理でしょう。あの怪力を一番活かせるのは、砲丸投げか重量挙げあたりか、と思います。一番、メダルに近いのは、そりゃクレー射撃でしょうね。

八重は桜

そうした体育会系の八重を、ＮＨＫは今回、「桜」に見立てました。「八重桜」から来ている、との説もあります。が、実のところは、桜が先でしょう。「春には、必ず花が咲く」、「桜は必ず咲きます」という希望のシンボル、復興のためのエールの象徴、それが八重に託されたミッションです。

ともあれ、大河ドラマのおかげで、八重の名前は全国区になりました。この先、確実に新島襄以上に有名になります。こうした逆転現象は、すでに八重本の書名にも表われています。今までなら「襄と八重」となるべきところが、「八重と襄」に変りつつあります。

だから、冗談ぽく言えば、来年以降の学生募集では、「同志社は、八重の夫が創った大学」で売る、という手もあります。新島の名前を知らない高校生や受験生には、こう言った方がアピール度が断然、高そうですから。

この高崎ではどうでしょうか。来年あたりは、新島学園の「新島」は、新島襄ではなくて新島八重、と見られたりしませんか。

襄は梅

こうした逆転現象は、花でも起きます。実は、これまで同志社は梅で売ってきました。新島が「梅派」ですから。この短大のキャンパスにも「寒梅の碑」がありますよね。

ところが、NHKが八重を「桜派」に仕立てましたから、これからは桜の方が、梅よりもずっと前面に出てくると予想されます。

新島は子どもの頃から、梅と縁がありました。絵の練習のために使った画帳、「四君子図」（新島学園がお持ちです）には、梅がちゃんと入っています。本書の表紙カバーに入れておきました。「力作」です（本書二一八頁をも参照）。

梅と言っても、「寒梅」です。新島はとりわけ寒梅が好きでした。二首の漢詩を詠んでいます。まずは、「寒梅」です。

「真理は寒梅の似《ごとし》　敢《あ》えて風雪を侵して開く」

つぎに、「庭上《ていじょう》の一寒梅」です。

「庭上の一寒梅　笑ふて風雪を侵して開く
　争はずまた力《つと》めず　自ずから占む百花の魁《さきがけ》」

新島は、自分が生きる姿勢を、寒梅が花を咲かせる姿勢に重ねております。寒梅への共鳴《いれこみ》は、相当のものです。だから、学内ではこれまで梅が重んじられてきました。たとえば、今出川キャンパス中央に立つチャペルに行くと、よく分かります。会堂入口の両脇には、紅梅と白梅が植えてあります。その傍に、「寒梅」の歌詞を刻んだ石碑が立っています。

建物の名前もそうです。大学院やコンサートホールがある豪華な校舎は、「寒梅館」と名づけられています。茶室は「寒梅軒」、と呼ばれています。

性格は対照的

桜と梅が違うように、新島夫妻の性格も違います。かなりの性格不一致です。草食系と肉食系くらいの差はあります。

ですが、それは見た目であって、本質はそれほどの違いはありません。オーバーに言ってしまえば、「似た者夫婦」です。つまり、八重にも「梅」の要素が、混じっています。

八重の生涯を見ますと、嚢と同じく、「敢えて風雪を侵して」邁進する生き方が目につきます。生涯にわたって開拓者ですから、彼女も「寒梅」精神の持ち主です。

たとえば、あえてマイナー（少数派、非主流派）を選び取る勇気と行動力。彼女の言動には、時流に流されない、流れに竿《さお》をささない姿勢と活力が、見てとれます。それが結果的には開拓者精神に繋がります。皆が嫌がったり、ビビル世界にも、八重は敢然と足を踏み入れます。

「咲かせてみせよう」

八重のそうした面をNHKは、大いに期待しています。秋（十一月二十一日）に出来上がったNHKの番組ポスターでは、八重（綾瀬はるかサン）にこう言わせています。

「この時代、咲いてみようじゃないの」。

咲く条件が整うのをただじっと待つ、というんじゃない。「鳴かぬなら鳴かせてみようホトトギス」の心意気です。「咲かせてみせよう」という決意なんです。この精神は、明らかに寒梅です。

桜は、環境が整ってから、周囲が暖かくなってから、花をつけ始めます。一方、梅は違います。条件が満たされなくても、寒いうちから「敢えて」咲こうとする。しかも、「笑ふて」です。

同志社はどこまでも梅です。だから、会津の大龍寺にも梅の苗木を三本プレゼントしました。桜じゃありません。このお寺は、八重が山本家のお墓を最晩年に整理したという周知のお寺です。植樹は同志社女子大の学生さんたちの粋な計《はか》らいです（詳しくは、本書六七頁参照）。

八重も寒梅

八重にも、もともと立派に寒梅のＤＮＡが備わっています。四年前に八重を全国デビューさせた「歴史秘話ヒストリア」（新島八重の生涯）は、八重を梅として捉えようとしていました。エピローグで、「新島旧邸」の庭に咲く梅のシーンにかぶせて、梅の歌が一首、紹介されました（拙著『ハンサムに生きる』一七四頁）。

めずらしと誰か見ざらん世の中の
　春にさきだつ梅の初花

このシーンは、今月（一月九日）の再放送（実はリメイク版）でも使われました。ただ、八重や新島の作詞と誤解されやすいですね。違います。実は、新島の教え子（神学部教授の湯浅吉郎）が、八重の米寿祝いに詠んだ歌です。八重の姿勢をよく捉えている、と私も感心しています。

そこで、前の八重本では、私の確信を思い切って述べました。「誰よりも早く、京都で西洋風の帽子を被《かぶ》り、靴を履《は》いた八重。率先して信徒となった勇気ある烈女。パイオニア・レイディの八重には、どの花よりも早く開花する梅の花が、たしかによく似合います」と（同前、一七四頁）。

ところで、先に紹介した湯浅吉郎ですが、湯浅と聞けば、皆さま、ちゃんと反応できますよね。新島学園を立ち上げた湯浅家（安中の有田屋）のひとりです。同志社の徽章《きしょう》（校章）も作っています。

硬骨漢

新島夫妻に戻ります。「似たもの夫婦」の類似点は、それだけじゃありません。新島は「気骨ある人間」や、「骨のある人物」が大好きです（『ハンサムに生きる』二七頁）。いや、自身が骨太《ほねぶと》の人間です。彼が遺言で残した文言で言えば、「倜儻《てきとう》不羈《ふき》な青年を圧束せず」です。

彼が同志社から出したい人物は、「日本の骨髄となる可《べ》き青年」でした（③三四六）。「同志社大学設立の旨意《しい》」という募金趣意書で言えば、そこに出てくる「一国の良心」とも言うべき人々とは、自治自立の気骨ある人物にほかなりません。

その点、八重は骨格的にがっしりとしているだけじゃなく、精神的にもそうです。肝っ玉が据わっていました。女性ながら「硬骨漢」です。自分の信念を貫く生き方を通しました。彼女は、新島にとって「気骨ある」会津人の典型でした（拙著『日本の元気印・新島八重』二〇四頁）。

「ハムをはさんだウマ」

さらに、新島が八重（婚約中の）に対して使った言葉、「ハンサムに生きる」（do handsome）も二人に共通します。「ハンサム・ウーマン」は、あわよくば今年の「流行語大賞」になるのでは、と思うくらい流行《はや》り出しましたが、これはＮＨＫ（ディレクター）の造語です。もともと、新島が使った「ハンサム」は、宗教的な色彩を帯びていました。ところが、「男前の女性」と訳されたりして、勝手に一人歩きをしています。困ったことです。

「男前の女性」が正解だったら、「ハムをはさんだウマ」だってＯＫです。新潟に住む三歳の子には、こう聞こえるらしいですね（『朝日新聞』の「いわせてもらお」、二〇一三年三月二三日）。

「ハンサム」の意味

では、正解は――英語の〝do handsome〟という言い回しは、「見た目よりも中身」、「外見よりも内容」という英語の諺、ひいては新約聖書の文言をベースにしています。「コリントの信徒への手紙二」（四・一八）にある「見えるもの」より「見えないもの」を大事にすることを意味します。

したがって「ハンサム・ウーマン」とは、思い切って意訳すると、とりもなおさず「クリスチャン・レイディ」なんです。新島は「心の佳人《かじん》」という言葉も使います（④二六五）。男前《イケメン》にしろ、女前《びじん》にしろ、外見はひとまず関係ありません。

新島自身が信徒、いや牧師として「ハンサムに生きる」ことを目指していたからこそ、八重にもそれを期待したのです。

ハンサム・カップル

要するに新島襄・八重という夫妻は、「ハンサム・カップル」なんです。ふたりして、宗教的なライフ・スタイルを心がけました。以前に言った発言を繰り返すと、こうです。「新島自身のハンサムな生き方が、結果的に八重に投影されているような気がします」（『ハンサムに生きる』四一～四二頁）。八重は、日本女子大の学生たちに向かって、「美徳を以て、鏡となしなさるように」と推奨したことがあります（拙著『八重さん、お乗りになりますか』九五頁）。これなど、明らかにハンサム・ライフのお勧めですよね。

八重は晩年、「襄のライフは私のライフ」と断言しております（同前、三二頁）。ともすれば、「夫のサイフは、私のサイフ」と言われかねない夫婦関係が多い中で、八重はさすがです。襄のライフは、どこまでも八重の理想、モデルでした。「信仰に富み、憐憫《れんびん》に富み、堪忍び、人を容《ゆる》すの力、すべて妾《わたし》の学ぶべきこと計《ばかり》なり」（新島八重「亡愛夫襄発病ノ覚《おぼえ》」八三頁、『同志社談叢』一〇、同志社社史資料室、一九九〇年三月）。

襄のライフが八重の指針

夫に先立たれてから、八重は自分のライフ・スタイルを、襄のそれに重ね合わせようとしてますね。この一体感、これは凄いです。

そう言えば、新島の同僚、Ｊ・Ｄ・デイヴィスもライフ好きでした。自分の子どもたちへ残した遺言とも言うべき言葉は、こうです。「私の生涯以外に、メッセージはない。わが生涯、これが子どもらに対する私のメッセージです」（J・M・デイヴィス著、北垣宗治訳『宣教の勇者　デイヴィスの生涯』三九七頁、同志社、二〇〇六年）。

すごいですね。「私の人生、それが私のメッセージ」ですから。新島が言っても、似合いそうな言葉です。八重は、以心伝心、おそらく亡き夫から、同じようなメッセージを感じとったのでしょうね。彼女もまた、やっぱり寒梅的な人生を志向したのです。

花にしてもそうです。自宅の「新島旧邸」の庭に植えられた梅が、襄の死後も、咲いてくれたにもかかわらず、ちっとも匂わない、と嘆いています。

新島は、八重に期待したように、現代の私たちにも「ハンサムに生きる」ことを願っています。「襄の娘」である皆さんにも、ですよ。

そう、Do handsome! です。

（新島襄生誕記念講演会、高崎市・新島学園短期大学ホール、二〇一三年一月二〇日）

婚約直後のツーショット

「新婚時代の夫妻（1876年)」として世上、よく紹介される有名なツーショット写真である。が、婚約当時（1875年）の可能性が高い。そうであれば、現存する八重の写真としては、最古で、八重29歳、襄32歳の時の写真。襄は1875年10月15日に八重と婚約した翌月（11月23日)、ボストンのA・ハーディー夫人に宛てて、婚約者を紹介する英文書簡を送った。「2、3日前に撮ったばかりの写真を同封いたします。ご覧いただくとすぐにお分かりのように、もちろん彼女は決してハンサムではありません」と申し添えた（⑦一六九)。

それがこの写真ではないか。ならば、1875年11月20日前後の撮影である。襄がボストンに送った八重の写真は、単身（ソロ）写真と思いこまれがちであったが、ツーショットの可能性も否定できない。

会津若松・喜多方の同志社水脈

――八重のふるさとを探索する――

学園祭まっ盛り

大学はいま、祭りのピークです。このクラーク・チャペルの中は、さすがに静かですが、一歩出ると、外は喧噪《けんそう》の世界です。屋台やらロック演奏を楽しむ大勢の人で賑わっています。

しばしの間、このチャペルで、心を静めて学園の成り立ちやら歩みに想いを馳せてみます。

時あたかも「八重の桜」開花宣言まじかです。そこで、いつもの新島襄に加えて、今年は二か月後に始まる大河ドラマの事前勉強を兼ねて、八重も前面に押し出します。しかも、同志社から見た場合の「盲点」、すなわち会津における八重さん（山本八重子です）にフォーカスさせます。バーチャルツアの感じで、前半生を辿ってみますから、皆さんも会津の風景を目に浮かべながら聞いてください。

鶴ヶ城（会津若松市）

新島は、生涯で二度、会津若松を訪ねています。一八八二年と一八八六年です。会津は、義兄の山本覚馬、ならびに妻、八重の生地です。

最初の訪問には、八重が同行しております。戊辰戦争（会津では、会津戦争）が終わってから十四年が経過していました。しかし、戦争の傷跡は、あちこちに見え隠れしていたに違いありません。

八重は故郷の変わりように感慨も一入《ひとしお》だったと思います。銃や大砲を操って、西軍〔新政府軍〕と死闘を繰り広げた籠城戦の有様を、現地で生々しく夫に語ったに相違ありません。

襄はこの時、六年前に八重から聞いた話を現場で何度も反芻《はんすう》したでしょうね。八重は、新島に京都で出会ってすぐに、襄の宿舎へ聖書を習いに行っております。その折にすでに八重は「会津籠城の話などして居りました」〔永澤嘉巳男《かみお》編『新島八重子回想録』六七頁、同志社大学出版部、一九七三年〕。

城を敵に明け渡す前の晩、彼女が簪《かんざし》で名残の歌を城壁に一首彫り込んだエピソードは、歌とともに有名です。東海散士〔芝四朗〕『佳人之奇遇《かじんのきぐう》』〔一八八五年〜一八九五年〕によって、一世を風靡《ふうび》した話です。その歌詞とは――

明日の夜は何国の誰か眺むらん
　馴れしお城に残す月影

会津への大いなる共鳴

一方の新島は、最晩年〔亡くなる一週間前です〕、会津の印象をこう記しています。現地でつぶさに見聞してみて、会津人が「官軍」〔新政府軍〕と勇敢に闘った勇気に感服した、そして「其《その》時ヨリ会津人ニ向ヒ、非常ノシンパセー〔共感〕ヲ顕ハシ」と〔④三五九〕。

会津訪問は、新島には会津人の発見、というか、見直しや再評価につながったようです。八重の特異なメンタリティーが、少しは理解できるようになったのでは、と思われます。それだけじゃなくて、会津や東北の伝道戦略を立て始める契機となった点でも、新島には得難い貴重な体験でした。

ですが、会津人への思い入れに関して、新島はこうも付け加えております。「但《ただ》シ余ハ、気骨アル人間ヲ称賛スルナリ。会津ヲ称賛シテ、官軍ニ抗スル訳ニハ、アラサル也《なり》」と（同前。本書二七四頁以下を参照）。

遠藤敬止《けいし》頌徳碑（鶴ヶ城北出丸）

鶴ヶ城の傍《そば》には、遠藤敬止頌徳碑が立っています。一九七一年の建造です。遠藤という人は、会津出身の実業家で、仙台の第七十七国立銀行の頭取（第二代、第四代）になっています。

彼は、会津戦争後に鶴ヶ城が競売にかけられた際、私財を投じてこれを買い取り、旧藩主（松平家）に捧げた、と伝わっています。城を救ってもらった遠藤を顕彰するのが、この碑なんです。ただ、この「美談」も、最近は異説が出ているようです。

遠藤は、実は新島夫妻とも交流がありました。新島が、仙台に同志社分校（宮城英学校。後の東華学校）を設立するために、募金活動をした時、一万円という高額寄付（最高額です）を同志社に捧げて、新島を感激させています（『基督《キリスト》教新聞』一八八七年三月九日）。

遠藤敬止と会津戦争

この背景には、八重とのエピソードが、隠されています。会津での籠城戦中、遠藤は敵の攻撃で手に重傷を負いました。その時、傷の手当てをしたのが、なんと八重だったというのです。八重自身はこれに関して沈黙していますが、新島の同僚宣教師（J・H・デフォレスト）がボストンのミッション本部に宛てた手紙でこう披瀝しています。

「北部〔東北地方〕の大半は、〔新政府軍に〕反対する立場に立ちました。その中のひとりに、のちに新島夫人となる女性〔山本八重子〕が混じっていました。彼女はその時の様子を私に直接、話してくれたことがあります。彼女は、往年の女性が用いる長い槍〔なぎなた〕を手に、お国のために戦う（と彼女は思ったのですが）ために、戦場の最前線まで前進いたしました。

この北部における一連の戦争から、不思議な話しがいくつか生まれました。そのひとつに、新島夫人が負傷者の手当てをしたことが、挙げられます」（拙著『アメリカン・ボード二〇〇年』二〇四頁、思文閣出版、二〇一〇年）。

八重の看護活動

遠藤は八重よりも六歳下の青年です。宣教師の報告は、なお続きます。

「あるひとりの勇敢な青年は、手首に銃弾が貫通し、むごい弾道のためにすべての靭帯《じんたい》がぶらぶらする怪我《けが》を負いました。看護婦は、最善を尽くしました。が、傷が癒《いや》されても、指はほとんど硬直して、使いものにならなくなりました。

〔最近、仙台での〕一夕、私たちは、〔仙台に同志社が創った分校を祝うために〕仙台市長や銀行家、それに〔地元の〕有力な市民と夕食を共にしたことがあります。その折の会話中、銀行家――私たちが教えている〔宮城英〕学校に、一万円を寄附してくれた人――が、醜く変形した右手を見せてくれながら、言いました。若松での戊辰戦争（会津戦争）の折に、新島夫人が私のために包帯をしてくれたのです、と」（同前）。

とすれば、高額寄付の幾分《いくぶん》かは、八重のおかげで貰えた、と言えなくもないですね。それにこの出来ごとは、日清・日露で篤志看護婦になるはるか以前から、八重は看護体験をちゃんと積んでいる証拠にもなります。「入城後、妾《わたし》は昼間《ひる》は負傷者の看護をして居《い》ました」と言っていた八重の発言（平石辧蔵『会津戊辰戦争』四八五頁、丸八商店出版部、一九二七年）が、立証されたことになります。

斎藤一・時尾の墓（会津若松市七日町・阿弥陀寺）

会津戦争のエピソードは、豊富です。八重といっしょに籠城した女性たちの中に、近所に住む高木時尾（大河ドラマでは、貫地谷《かんじや》しほりさん）という少女がいました。八重は、城の中から出陣するのに長い髪が邪魔でしたから、脇差で切ろうと奮闘しました。ですが、ひとりでは無理でした。結局、「高木盛之輔《もりのすけ》の姉、ときをさんに切って貰《もらい》ました」と八重は告白しています。「城内婦人の断髪は、妾《わたし》が始《はじめ》でありました」（同前）。

時尾は後に、斎藤一《はじめ》という新選組の三番隊組長と結婚しますから、新選組のマニアには、比較的、名前が知られています。斎藤は、鳥羽伏見の戦いで敗れたあと、副長の土方歳三《ひじかたとしぞう》と共に京都から会津まで遠征し、「東軍」（会津軍）を助けます。明治維新後には藤田五郎と改名します。時尾とは再婚です。会津人意識が強かったのか、夫妻の墓は、会津にあります。

清水屋旅館跡（会津若松市七日町）

会津若松の街の真ん中に会津を代表する老舗《しにせ》旅館の跡碑が建っています。吉田松陰（一八五二年）、土方歳三（一八六八年）、宇田成一などが宿泊しました。実は、新島もそうです。しかも、新島は会津では宇田との接点があります。

宇田という人は、会津六郡連合会長を務めた土地の名士で、喜多方《きたかた》の出身です。会津自由民権運動史上、有名な「清水屋事件」（福島事件）の遭難者です。彼は、県令（今の知事）三島通庸《みちつね》が押し進める「会津三方道路《さんぽう》」の開削に反対したために、この旅館に居たところを暴漢に襲われました。

この事件が起きたのは、一八八二年八月十七日のことです。興味深いことに、新島の山形・福島出張の合間の出来事です。福島事件というと、いまひとり、喜多方出身の会津人、兼子《かねこ》常五郎（後に重光）が絡んでいます。この闘士は、弾圧を避けるために全国を逃げまわった挙句《あげく》、八重の兄、山本覚馬（西島秀俊さんが演じる大役）を頼って入洛し、同志社に入学します。神学校を出た後は、最後は会津若松に戻り、ここの教会の牧師を長年、務めるという異色の経歴です（本書一二四頁以下を参照）。

無門山荘跡碑（喜多方市関柴町小松）

新島に戻します。福島事件同時、新島は事件現場の近辺をたまたま旅行中でした。旅先でこのニュースに接した彼は、米沢から会津若松に戻る途中、同行した教え子で牧師の横井（伊勢）時雄を先に会津に向かわせ、自分はわざわざ「途《みち》ヲ枉《まげ》テ」喜多方にまで足を運びます。

お目当ては、宇田の生家を訪ねることです。同家で新島は当の本人に詳しく「負傷ノ始末ヲ尋」ねています。それにしても、新島の行動は、素早いですね。事件が発生してから、わずか一週間後です。民権運動への思い入れが、予想以上に深いことが、窺える一事ですね。

宇田からのヒアリングを日記（「遊奥《ゆうおう》記事」）に詳しく書きとどめる、というのも、新島らしいです。その中には、「喜多方物産 並《ならびに》 概況」という記録も入っています（⑤二二二〜二二七）。

添川廉斎《れんさい》の墓（喜多方市）

喜多方は、宇田や兼子のほかにも、添川廉斎の出身地でもあります。新島の恩師です。添川は、学者大名と言われた安中藩主・板倉勝明《かつあきら》に召し抱えられた漢学者です。勝明の小伝「甘雨公行状略」（『安中市史』第五巻、二二五頁、安中市、二〇〇二年）をまとめています。

一八五八年、江戸の安中藩邸（中屋敷）で亡くなり、裏をがっかりさせています。墓は入谷《いりや》の正覚寺のほか、喜多方（安勝寺）にも設けられました。

ちなみに、二度目（一八八六年）の会津訪問の際には、新島は喜多方に出向いて、説教集会を開いています。土地の名士、安瀬敬蔵（元郡長）や中村虹蔵らがサポートしてくれました。

喜多方と言えば、会津戦争で負けたあと、八重たち山本家の女性たちが避難した街のようです。場所の特定はできていないのですが、事実とすれば、喜多方は新島の夫妻双方にゆかりのある場所になります。

添川廉斎の顕彰碑（喜多方市）

添川の顕彰碑は、彼の死後七十数年（一九三五年）を経て、愛宕《あたご》神社境内に建立されました。それにしても、青年時代の新島にとって、添川の存在は実に大きかったのです。新島は、仕えていた板倉勝殷《かつまさ》（勝明の実弟）が、前の藩主とはまさに逆に、学問に無理解な大名であることに辟易《へきえき》しております。

新島にとって、勉学を続ける「唯一の希望」は、添川と尾崎直記《なおのり》（家老役の大目付）の好意を得ることだけでした。ところが、この両人は一八五六年の六月に相次いで死去します。新島は、呆然自失してしまいます（⑩三二）。

しかし、幸いなことに、添川の後任に選ばれたのが、川田剛《ごう》（備中《びっちゅう》松山藩の漢学者）です。藩主の板倉勝静《かつきよ》（幕府の筆頭老中）にとっては、山田方谷《ほうこく》と並ぶ優秀な補佐官、立案者でした。洋式帆船の貿易船、快風丸（本書口絵③）を購入することを藩主に勧めたのも、川田です。この船が、新島の後半生を開く幸運を持たらしてくれる船になったことは、よく知られていますよね。品川から函館に行くのに快風丸に乗船できたのも、川田の斡旋が物を言いました。

覚馬・八重の生誕の地碑（会津若松市米代《よねだい》二丁目）

覚馬と八重が生まれた場所は、お城の近くの米代というところです。一九八九年に同志社は、宮崎十三八《とみはち》氏（当時、会津史談会長）から土地の提供を受けて、同家の門の近くにこの碑を立てました。彫ってあるのは、周知の八重の歌、「明日の夜は」です。

ところが――昨年（二〇一一年）になって、ピンポイントで言えば、場所がずれていることが判明しました。ほんとは西に四十メートルほどいった駐車場のあたりです。ですが、同志社はひとまずは説明版の書き直し、というミニ訂正にとどめ、今しばらくはそのまま据え置くことにしました。

ちなみにちょっと気になるのは、少女時代にここで川崎尚之助《しょうのすけ》と「同居」していた八重は、結婚後、彼とどこで「同棲」したんでしょうか。あらたに別家を構えたのか、それともそのまま「同居」を続けたのか、です（NHKは、土蔵の二階に夫婦で住む、という設定のようです）。

高木家

興味深いのは、山本家の隣組です。まずは、隣が伊東家です。白虎隊で自害した伊東悌次郎の家です。八重は彼に頼まれて、銃の指導をしました。

山本家と筋違いですが、背中合わせに当たる家が、高木家と日向《ひなた》家です。それぞれ時尾（八重とひとつ違い）とユキ（同六歳違い）、という八重の幼馴染《おさななじみ》がいます。

時尾は弟（盛之輔）と母（未亡人）、祖母と暮らしていました。父親の会津藩士、高木小十郎は、早くに亡くなりました。高木家の隣りに住む日向ユキ（女優は、当代人気絶頂の剛力彩芽《ごうりきあやめ》さん）は、自分の家庭の家風を嫌って、高木家で食事したり、泊ったりの生活です。「主に高木の家で暮らしました」と言っていますから、高木家は温かいホームだったのでしょうね。

高木家で裁縫を習う

ユキによれば、高木のお婆さんは、「盲のお婆さんではございましたが、何でもよく出来る偉い人」だったので、十歳から二、三年間、針仕事を習ったといいます。「その頃、山本覚馬の妹のお八重さんも、高木へ来て、一緒にお針を習ったものでございました」（岩澤信千代『不一――新島八重の遺《のこ》したもの――』二四五頁、アイミライ、二〇一二年）。これは、少女時代の「お八重さん」に関する、数少ない証言です。

八重も一通りは習い事をやっているんですね。ですが、どうも針仕事よりも鉄砲の方が得意であった、と言われています。

日向家

日向家（石高は四百石ですから、山本家の三倍くらいです）は、山本家と背中合わせの場所にありました。同家のユキは、八重よりは六歳年下でしたから、むしろ八重に遊んでもらったんでしょうね。

ユキは、会津戦争後は斗南《となみ》（現青森県）に移り、苦労を重ねます。函館で成功していた雑賀《さいが》繁村・

浅《あさ》という会津人夫婦が、女中として雇ってくれたので、ようやく苦境を脱することができました。雑賀と同じく開拓使に務めていた札幌の内藤兼備《かねとも》から見染められて、ユキは札幌に転じます。

八重は、このユキと札幌で二十年振りの再会を果たします。一八八七年のことで、襄と共に、仙台の同志社分校（東華学校）の開校式に列席した後、北海道でひと夏、避暑をする目的で渡道したのです。そうしたら、懐かしい幼友だちに会えた、というわけです。

薩摩人との結婚

ユキの夫、内藤は薩摩藩出身です。ですから、かつての敵の武将との結婚です。八重ならば、ありえないカップリングでしょうね。

津村節子さんの小説に『流星雨』というのが、あります。ユキの残した覚書、「万年青《おもと》」を下敷きにして作られた作品です。津村さんは、ユキを「あき」というヒロインに仕立てて、その人生をなぞりました。問題は、結婚です。作者、曰《いわ》く――

「あきは薩摩の青年とは結婚させず、開拓中の札幌の町をさまよう夜空に、死者たちが流星のように降りそそぐラストにした」と告白されています（津村節子「雨の如く降る星」五一頁、『波』二〇一二年九月号、新潮社）。会津に無関係の津村さんでも、そう判断せざるをえないのですから、八重なら当然、薩摩人との結婚は回避したはずです。

この点は、八重よりもずっと幼い山川捨松《すてまつ》（大山巖《いわお》夫人）のケースでも同様でしょう。「八重の桜」

のシナリオでは、鶴ヶ城を攻める大山巌の内腿《うちもも》を打ち抜いたのは、八重の銃という設定です。その典拠を正確に引用します。大山は、「会津戦争で右股を撃たれ負傷。この狙撃は、八重であったともいわれている」（NHK「八重の桜」公式HP中の「登場人物」）。ならば、なおのこと、八重と大山の結婚はあり得ません。

ちなみに新島は、一八八四年（二月九日）に陸軍卿の大山に陳情のため、東京で同家を訪ねております（⑤二五二）。この時、捨松にも会ったんじゃないでしょうか。

日新館天文台跡（会津若松市米代）

会津の藩校、日新館は全国的に見ても、すこぶるレベルの高い、充実した藩校です。場所は変っていますが、今は復元されて、観光名所になっています。もともとは、お城の傍にありましたから、教授であった覚馬の生家にも近いのです。当時のものとしては、天文台跡が残るばかりです。

日新館と言えば、八重の最初の夫、川崎尚之助（配役は長谷川博己さん）は、覚馬の尽力で、同館蘭学所教授になります。もともとは会津に縁のない、但馬出石《たじまいづし》藩の藩士でした。江戸の大木忠益（坪井為春）塾で覚馬に認められて会津入りをし、山本家に寄宿しながら、教授を務めました。ここから、八重との出会いが生まれます。

日新館（会津若松河東町）

復元された日新館の展示の中には、八重が武装して入城する想像図が、飾られています。八重本人の回想では、戦死した弟（三郎）が残した形見の装束で身を固めました。NHKは今度の「八重の桜」のポスターでも、似たような恰好を綾瀬はるかサンにさせています。

八重は会津戦争では、自ら「三郎」と名乗ります。銃と大砲が操れましたから、名前だけでなく、気持の上でも男になりきって、男勝りの活躍をします。時には城を出て、夜襲さえかけています（平石辦蔵『会津戊辰戦争』増補版、四八五頁、丸八商店、一九二八年）。

日新館の展示では、ほかには隣家の伊東悌次郎の紹介もあります。飯盛山で自害した白虎隊士のひとりですから、当然でしょうね。八重によると、「悌次郎は小銃習いによく来た。物置からゲーベル銃を出して教えました」。そのことが結果的に、悌次郎の自死を生むことになりましたから、八重にとっては、いつまでも痛恨事になりました。飯盛山の白虎隊士の墓に詣でると、まっさきに悌次郎の墓が目に入るといいます（拙著『日本の元気印・新島八重』八四頁）。

山本権八の墓（会津若松市一ノ堰・光明寺）

飯盛山は観光メッカですが、八重の父、権八のお墓となると、観光ルートから完全に外れています。彼は、旧姓を永岡繁之助といい、山本家（佐久）へ婿養子に入りました。もともと両家は距離的にも近かったので、早くから交流があったのでしょうね。権八は、砲術師範として、八重にも鉄砲を教えました。

鳥羽伏見の戦いで受けた傷が原因で、江戸の藩邸で亡くなった息子（三郎）に続いて、鶴ヶ城の南方六キロの辺り（一ノ堰《いちのせき》）で、戦死しました。降伏の翌年に、ようやく「賊軍」戦死者の埋葬が許されたといいます。墓は一ノ堰の光明寺にひっそりと立っていて、これまでは、訪れる人もめったにいませんでした。奇しくもお寺の名前は、会津墓地がある京都洛東の金戒《こんかい》光明寺に似ています。

山本家の墓（会津若松市・大龍寺）

八重は晩年（一九三一年）、会津を訪ねて、家族の墓の整理を行なっています。場所は大龍寺です。権八（父）と三郎（弟）のものは、その時の建立と思われます。全部で六基。いずれも山本家の人たちの墓です。墓標の表には、「山本家之墓」の文字が、裏には「昭和六年九月合葬　山本権八女　京都住　新島八重子建之　八十七才」と彫ってあります。

ここに「九月」とあるのは、要注意です。彫られた月であって、八重が実際に建てた月じゃありません。すでに帰京していますから。

最近（二〇一二年十一月）になって、同志社女子大学のサークル（食物研究会）に入っている三人が、しだれ梅の苗木を三本、境内に植えました。彼女たちは、京都ブライトンホテルと共同開発した八重クッキー売上金の一部を使って、新島が好きだった梅の苗を買って寺に寄贈した、というわけです。八重ゆかりの樹とは言え、桜じゃないところが、いかにも同志社的ですね。

ちなみに、このお寺は、若殿の松平容大《かたはる》（一八七〇年生）が生まれた場所だ、とも伝わっています。

新島八重の書（会津若松市・葵高等学校）

次に高校です。八重の書き残した手紙や書幅は、もちろん、同志社が一番沢山、保管しています。会津で言えば、葵《あおい》高校です。四点あります。掛け軸が一点、扁額が三点です。そのうち、一番、有名なのは、校長室の隣りの会議室に掛けてあったもので、「美徳以為飾」（美徳、以て飾りと為せ）と記されています。

これまでは、知る人ぞ知る、といったレアな代物でしたが、ここへ来てサマ変りです。葵高校は自らのお宝として、今では校舎の廊下に並べて展示したり、学校HPでも大々的に宣伝、公開したりしています。おまけに、学校関係者があらためて調査されましたので、これらがなぜ学校にあるのか、その経緯が、ようやく分かってきました。

兼子重光が介在

四点のうち、いずれも「八十四歳　八重子」（数え）と署名された三点は、会津若松で開かれた歴史的書画展覧会（一九二八年九月）に八重（満八十二歳です）が出品した作品です。

残る一点は、「八重子八十六歳拙筆」と書かれた軸で、有名な「明日の夜は」です。これは、一九三一年に八重（八十五歳）が、一族の墓の整理と法要のために会津入りした際に、葵高校の前身校

（会津高等女学校）から頼まれて書いたようです（鎌田郁子「国難に奮い立つ八重子――八重子は三度《みたび》蘇る」、同志社大学「新島八重と同志社」HP、二〇一二年十一月アップ）。

さらにこの背景には、海老名リン（葵高校の創設者で信徒）、ならびに兼子重光《かねこしげみつ》牧師（会津若松教会）の存在が無視できません。二人とも、八重と交流があります。とりわけ、会津に残る八重の書は、程度の差こそあれ、すべて兼子を媒介にしています（海老名や兼子については、本書一二四頁以下を参照）。

松平容保の像（会津若松市慶山《けいざん》・愛宕神社）

容保《かたもり》は、会津藩が戊辰戦争に遭遇した時の藩主です。白虎隊や新選組にもゆかりのあるお殿さまで、幕府（将軍）から京都守護職に命じられました。

八重は、最期まで旧藩主への忠誠心を忘れませんでした。殿から賜った品物も、自分の死後には松平家に返却するように、遺言で命じたくらいです（拙著『ハンサムに生きる』八九頁）。

容保の胸像が東山の近くにあります。「いにしえ夢街道」から百段くらい階段を上った愛宕《あたご》神社の本殿の脇に立っています。そこからすぐの所に、近藤勇の墓（天寧寺《てんねいじ》）もあります。容保は、京都守護職として、壬生《みぶ》浪士隊を「新選組」として「公認」しました。そればかりか、近藤勇の墓（全国では、他にも三か所あります）の建設許可を土方歳三《ひじかたとしぞう》に与えています。戒名も容保の書と伝わっています。

東山には、歴代の藩主が眠る松平家廟所も、あります。奇しきことに、京都の洛東にも東山があり、三十六峰が南北に連なっています。その真ん中辺りの若王子《にゃくおうじ》山の山頂に「同志社墓地」が設けられています。八重は、ここから今も京都を見下ろしている感じです。

松平容保・容大の墓（会津若松市東山町）

会津の歴代藩主の中では、初代の保科正之《ほしなまさゆき》の人気が地元では圧倒的に優勢です。それが証拠に（八重ではなくて）この保科をかねてから大河ドラマの主役に、という県民運動が数年前から展開されていたほどです。

容保の墓は、東山の松平家廟所にあります。彼の長男、容大の墓と共に、です。容大は最後の進学先といった覚悟で、覚馬を頼って同志社に入学します。八重は、びっくりしたでしょうね。若様のご入学ですから。会津出身の年配学生、兼子重光（在学中は常五郎）や望月興三郎が、いわば「ご養育掛《かかり》」として世話をやいたり、指導をしたりしました。でも、容大の同志社生活は長続きはしませんでした。続く学習院、もです（本書、一二九頁以下を参照）。

最終的には、容大は早稲田を出ます。騎兵大尉や貴族院議員を務め、男爵の爵位を受けます。

重陽閣（御薬園）

最後に松平家の別荘、御薬園《おやくえん》です。会津戦争後に、容保が一時暮らした屋敷です。一説には、容大は（大龍寺ではなくて）ここで生まれたとも伝えられています。

それ以上に八重にとって大事なのは、邸内に立つ重陽閣《ちょうようかく》です。あの勢津子《せつこ》姫（秩父宮妃殿下《ちちぶのみやひでんか》）ゆかりの建物で、東山温泉の新瀧旅館別館（一九二八年、姫の帰省の際に新築）を一九七三年にここへ移設したものです。八重が姫の皇室入り（一九二八年）に狂喜したことは、よく知られています。「逆賊」、あるいは「朝敵」の汚名を返上してくれる空前絶後とも言うべき出来事《イベント》でした。だから、八重に限らず、会津の人にとっては、破格の御慶事《おめでた》でした。

それに対して、八重自身も、今回の「三・一一」以後の福島県の人たちからは、願ってもない復興のエネルギー源として、期待されています。言うならば「二十一世紀の勢津子姫」です。京都からも応援したいと思います。

（同志社大学ＥＶＥコンサート、クラーク・チャペル、二〇一二年一一月二八日）

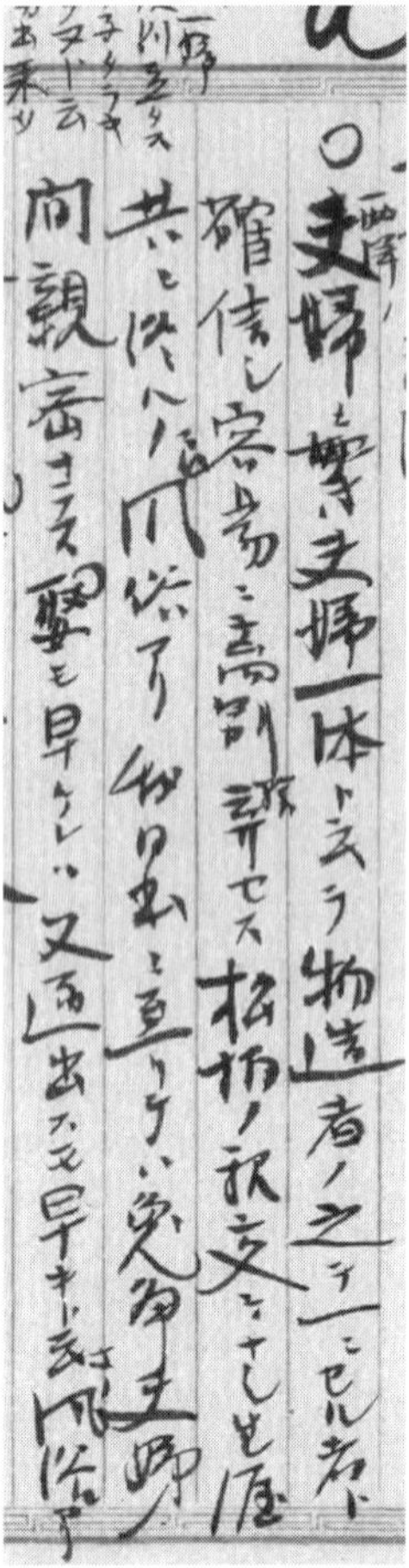

西洋ノ夫婦ノ如《ごと》キハ、夫婦一体ト云テ、物造者〔神〕ノ之《これ》ヲ一ニセル者ト確信シ、容易ニ離別捨棄セス、松柏ノ親交ヲナシ、生涯共ニ終ルノ良風俗アリ。我日本ニ至リテハ、兎《と》角《かく》、夫婦ノ間、親密ナラス。娶《めとる》モ早ケレハ、又、逐出《おいだ》スモ早キト云《いう》等ノ風俗アリ。

一夫一婦制の確立を目指す

出典は、「新島襄のことば(1)」と同じく、熊本での講演、「人種改良論」の一節（①三六三）。文明の発達は、「一夫一婦制」の確立にある、と新島は確信していた。「一夫一婦ノ規則立タズ」、妻以外の女性と性的な関係を持つことに、さしたる抵抗がなかった当時の社会的風習に、あえて正面から異を唱えた。

「一夫数婦ノ国ハ、人種ノ退歩アルベシ」との信念から、彼は、明治天皇自らが「一夫一婦制」を率先して順守し、国民のよき模範たるべきだ、と考える。彼はそうした私見を、畏友の伊藤博文や井上馨に伝え、天皇へ奏上（進言）してもらうよう要請した。天皇家と同様に、自らも「一夫数婦」を信奉、実践することに、何の疑問も抱かない政府高官にとっては、新島の「一夫一婦観」は驚天動地の危険思想であり、自分たちの心胆を寒くする見解であった

新島から天皇への取り次ぎを依頼された井上など、耳がつぶれるかと思うほどあきれ返った。後に新島の愛弟子、徳富蘇峰に対して、「途方もないことを言う男」だ、と切り捨てたとしても、不思議ではない（拙著『新島襄の交遊』三五頁、二六九頁を参照）。

八重を歩く
――八重ゆかりの京都スポット――

同志社チャペル

皆さま、八重ツアーにようこそ。同志社大学今出川キャンパスから、スタートします。

まずは、キャンパスの真ん中にあるチャペル（重要文化財）に入ります。岩倉へ移転した同志社中学校から同志社大学に移管されたのを受けて、ただいま工事中です。そこを無理言って、今日は特別に中に入れてもらいました。

正面の肖像画、三枚をご覧ください。右から新島襄、山本覚馬《かくま》、J・D・デイヴィスです。同志社創立の立役者です。

三人は、いずれも八重の人生にとってキーパーソンです。右から、八重の夫、八重の兄、そして八重に洗礼を授け、結婚式を司式した宣教師です。それに、三人のお墓も、八重の墓と共に、これから訪ねる「同志社墓地」にあります。

次に左右の壁を見てください。側面と背面の壁には、八代目までの歴代同志社総長（初期は「社長」と言っていました）の肖像画が、ずらりと並んでいます。そのうち、同志社墓地に墓があるのは、第七代の原田助《たすく》だけです。彼が社長の時に同志社は大学になりますし、生徒・学生数の減少に歯止めがかかります。だから、同志社中興の祖と称賛されています。

それから、こちらの壁に掛けてあるのが、第三代総長の横井時雄。彼の名前はツア後半に出るだけじゃなく、おそらく来年の大河ドラマにも顔を出しますから、覚えておいてください。

じゃ、これからバスで「黒谷《くろたに》」へ参ります。

金戒光明寺（黒谷）

幕末のミヤコの治安を守るために新設されたのが、京都守護職（いわば警視庁）です。初代の守護職に就任した、いや就任させられたのは、会津藩主・松平容保《かたもり》でした。これは、誰が見ても「貧乏クジ」ですよね。分かっていながら、受けざるを得ませんでした。徳川家への絶対的な忠誠を命じた初代の藩主（保科正之《ほしなまさゆき》）以来の「家訓《かきん》」（将軍へは絶対服従）が、決め手になりました。

一八六二年、家老や家臣たちの反対を押し切って、殿は約千人の家臣を率いて入洛《じゅらく》します。その容保が、最初に本陣を置いたのが、ここ金戒光明《こんかいこうみょう》寺です。覚馬は会津藩の砲術師範ですから、京都に来ます。ただし、殿より二年遅れて一八六四年に入洛した、とも言われています。

このお寺は、地元では、「黒谷」と呼ばれています。浄土宗大本山だけあって、壮大な造りです。とりわけ、地形と石垣に特徴があります。ご覧ください。戦時を想定して、最初からいかつい城構えになっています。

おまけに、小高い丘に建てられていますから、天然の要塞です。境内は四万坪もあり、千人の兵士が駐屯できました。覚馬も、境内にある宿坊のひとつに住んだ時期があるのかもしれません。

新選組

寺に入る大きな門の傍に「会津墓所」と刻んだ石碑が立っています。最近までは、「新選組発祥の地」の看板も、立っていました。近藤勇はここで容保に拝謁が許されます。新選組は、こうしてミヤコの治安維持部隊として幕府から認知され、会津藩預かり、つまり容保の配下に置かれます。そんな関係で、かつて二〇〇四年にNHK大河ドラマが「新選組」を取り上げた時には、マニアが多数押しかけました。

一昨年も、やはり大河ドラマ・ブームでした。そうなんです、江《ごう》ですね。彼女の供養塔が、ここにあります。三代将軍・家光の乳母《うば》、春日局《かすがのつぼね》が建てたものです。今日も結構、人出が多いのですが、大半は来年の八重の大河ドラマが目当てでしょうかね。

会津墓地

境内のこちらの細い路を行くと、その先は長い石段です。段数がかなりありますから、今日は登りません。丘の上は、「会津墓地」です。戊辰戦争で戦死した会津藩士の墓だけじゃなくて、彼らの名を刻んだ石碑もあります。八重の弟、山本三郎の名前も入っています。黒谷は、とにかく会津色の濃厚な寺です。

碑の側には、秩父宮妃殿下《ちちぶのみや》(勢津子姫《せつこ》。容保の孫です)が植えられた槇《まき》の木が、かなり大きくなっています。一九五五年にいらした時の植樹です。八重が生きていたら、すっとんで来たと思います。

新島襄の姉(美代)や宣教師、D・W・ラーネッドの幼児(ロバート)、二十四歳で若死にした同志社教員の山崎為徳《ためのり》の墓も、最初はここでした。市内の他の寺院は、クリスチャンの埋葬を拒否しました。それに対して、会津墓地なら、会津藩の有力者、山本覚馬のツテで、同志社関係者の墓が実現しやすかったのでしょう(現在は、いずれも同志社墓地に移設)。

京都会津会

「会津墓地」西側の西雲院には、「侠客《きょうかく》 会津小鉄」の墓があります。彼もまた、新選組と同様に、会津藩の管轄下に置かれます。だから、山本覚馬にはそうした日かげのアングラ勢力を指揮、あるいは支配する力と権限があったのでは、と思います。そう言えば、覚馬が維新後に京都で住んだ住宅は、幕末には新門辰五郎が住んでいました。辰五郎と言えば、江戸で鳴らした有名な侠客、火消《ひけし》でした。彼が徳川慶喜将軍に従って入洛して住んだ家です。

会津墓地(西雲院)では、いまでも毎年六月に、会津ゆかりのイベントが開催されます。京都会津会が行なう会津藩殉難者追悼法要です。会津松平家の現当主(第十三代・松平保定《もりさだ》氏)も参加されます。生前の八重も実は、京都会津会の熱心な会員のひとりでした。たいていの集会には悦んで出席しました。彼女の生きがいだったと思われます。

とりわけ、有名なのが一九二八年十一月十七日のイベントです。会津出身のＶＩＰたちと並んで、八重は黒谷での記念写真（女性は、たったの三人）に納まっています（拙著『日本の元気印・新島八重』一七七頁）。松平家の二人を中央に、山川健次郎（元帝大総長）、林権助《ごんすけ》（式部長官）や芝五郎（陸軍大将）、新城新蔵《しんじょう》（京都帝大理学部長）などが顔を揃えています。

「負け組」から「勝ち組」へ

そのうち、ひとり目の山川健次郎という人は、かつて白虎隊士でした。妹が捨松《すてまつ》（信徒）で、薩摩の大山巌《いわお》と結婚します。二人目の林権助（外交官。父も林権助）は、山本覚馬が早くから期待していた「見込みのある人物」でした（同前、一七二頁）。権助も子どもの時に、八重と同様に、鶴ヶ城に籠城したひとりです。祖父（林安定《やすさだ》。通称権助）は大砲奉行ですから、覚馬の大先輩に当ります。権助と息子は、覚馬と共に鳥羽伏見の戦いに参加して、戦死します。

祖父と父親を同時に失ったために、息子が祖父（権助）の名前を継いで、家督相続します。一時は下北半島の斗南《となみ》に送られ、貧窮生活を体験しますが、薩摩の陸軍少佐（児玉實文《さねぶみ》）の書生に取り立てられたのを契機に、人生が開けます（林権助述・岩井尊人《たかひと》編『わが七十年を語る』二七頁、第一書房、一九三五年）。

三人目の柴も、八歳で戊辰戦争に遭遇します。戦争中、一族の女性たちが自刃《じじん》するという悲劇を経験します。戦後は斗南へ転出し、苦労を嘗《な》めます。最後は陸軍軍人として名をなします。

会津人は、戊辰戦争の「負け組」ですが、ここに挙げたような人たちは、「勝ち組」に混じって出世街道を走り抜けます。どこかで、覚馬の軌跡とも交差する感じがします。

若王子神社

黒谷からバスで天王町《てんのうちょう》へ移動します。大型バスは南行できませんから、そこからは歩いて若王子《にゃくおうじ》山を目指します。同志社墓地への登山道は、「哲学の道」の南端が起点です。この橋の下を流れるのが琵琶湖疏水《そすい》で、銀閣寺までの桜並木が、とりわけ有名ですね。

哲学の道から若王子神社へは、すぐです。ここの宮司《ぐうじ》さんは代々、伊藤さんといいます。新島の永眠が新聞で報道された際、当時の宮司の子息、伊藤快彦《よしひこ》という画学生（今の宮司さんのおじいさんです）が、たまたま東京で絵の修業中でした。彼は、新島の高貴な生き方に感銘を受けたばかりか、新島が自分の神社墓地（の隣）に埋葬されることを知って驚きました。

で、さっそく、新島の肖像画を描きました。作品は、後に同志社に寄贈されました。さきほど、同志社チャペルで見たあの絵です（詳細は拙稿「同志社の肖像画」、『同志社談叢』二二、一二二頁以下、二〇〇二年三月、で紹介いたしました）。

神社の墓地と市営墓地

新島の墓に関しては、伊藤家には、次のような言い伝えがあります。伊藤快彦はかねてから山本覚馬と親交があったので、新島の墓を自分の神社墓地に埋葬することを許可した、というのです（新井恵美子『八重の生涯』あとがき、北辰社、二〇一二年）。

これは、誤伝でしょう。かりに伊藤家と覚馬の接点があったとしても、南禅寺に拒否されたその日か翌日中に、代わりの埋葬地を二人で決める時間は、とてもありません。

麓の神社から山頂の同志社墓地まではかなりの山道で、およそ十五分、かかります。「猪に注意」と看板にありますが、集団で行けば、大丈夫ですよ。八重の本を書くために、ある女性ライターが取材のため、この間ここに来られました。山道を登り始めてまもなく断念されました。「見通しが甘かった」と反省されています（同前）。

これに対して、綾瀬はるかサンは、去年九月の八重のお墓参りの時は、ノンストップ、わずか七分で登っています。中高時代のクラブ活動が、バスケや陸上（ハードル、駅伝）でしたから、足腰が強いとのこと。皆さまはどうですか。

さあ、お墓が見えてきました。ここの墓地全体が同志社墓地じゃありません。実は全体の墓地（市営墓地です）の一割だけです。

同志社墓地

ここが同志社墓地の入り口です。正面が裏の墓、右にJ・D・デイヴィス、左に八重、という配置です。綾瀬さんは、隣りの新島の墓と比べて、八重の墓がなぜ小さいのか、怪訝《けげん》そうな顔をされた、と聞いています。いままで、八重の墓だけを目当てに、ここまで来る人は、ほとんど皆無《かいむ》でしたから、その種の疑問は、まず出ません。その点、綾瀬さんの質問は、私たちには、新鮮でした。

墓地全域では、三十数基の墓が立っています。新島家のものは、さきほど触れた新島美代の墓を含めて数基です。一方、山本家は、八重のほかに、佐久（母）、権八（父）、覚馬（兄）、三郎（弟）、久栄（姪）の墓が並んでいます。ただし、一番上の姉（窪田浦）の墓は、ここにはありません。

入り口脇の小さなお墓にも注目してください。松本五平《ごへい》です。生前、八重から特別の許可を貰って、ここに設置されました。彼は、同志社最初の「小使い」（今なら用務員）で、生徒たちは「五平！」と呼び捨てにしていました。ですが、新島校長（だけ）は「五平さん」でした。感激した五平さんは、「死んでからも新島先生の墓守をしたい」と八重に懇願した、と伝わっています。

チャペルに肖像画があった原田助《たすく》の墓は、あちらです。それと、あの隅にあるのが、黒谷から移設した山崎為徳の墓です。その他の個々のお墓について詳しくは、拙稿「同志社墓地」（『同志社談叢』二四、同志社社史資料室、二〇〇四年三月）をご覧下さい。

さて、そろそろ下山します。上《のぼ》りと反対方向に降りると、南禅寺の境内へ出ます。

南禅寺

おなじみの南禅寺の水路閣が見えてきました。レンガとお寺が妙にマッチしていますよね。テレビによく出てくるサスペンスものの名所《メッカ》です。上を流れる疏水《そすい》は、二代目府知事の北垣国道が、政治生命をかけて取り組んだ一大プロジェクトです。竣工は、一八九〇年、ちょうど新島が亡くなった年です。同志社は、余ったレンガを購入し、ハリス理化学館の建築資材の一部に用いています。

さらに、疏水事業を推進したのは、「覚馬派」とでも言うべき覚馬の門弟たちです。大沢善助、中村栄助、田中源太郎、内貴《ないき》甚三郎、浜岡光哲、高木文平といった府会議員たちです。彼らは、いずれも同時期に新島が展開していた同志社大学設立運動のサポーターでもありました。信徒は二人（大沢と中村）だけでしたが、「山本先生が係わっている学校の運動」ですから、協力するのは、門弟としてはごく自然です。

向こうに見えるのが、三門《さんもん》です。「絶景かな、絶景かな」という五右衛門《ごえもん》の台詞《せりふ》で有名なスポットです。

天授庵

私たちのお目当ては、水路閣でも三門でもありません。天授庵という塔頭《たっちゅう》です。それも、一般の観光客なら、庭や紅葉狩りが目的なんですが、私たちは墓地です。横井小楠《しょうなん》の墓があります。もともと肥後藩とゆかりの深い寺だからです。

小楠は、日本の近代史ではむしろ新島襄以上の有名人でしょうね。肥後藩、というよりも幕末の日本を代表する思想家です。龍馬が師と仰いだほどの人物ですから。クリスチャンと誤解されて京都（寺町通り丸太町下《さが》ル）で刺殺されます。

横井時雄

その遺児が、時雄です。彼の墓もここにあります。時雄は父の死以後、横井と名乗らず、伊勢と改姓しました。縁あって、「熊本バンド」のひとりとして、同志社に入学しました。厳密に言えば、帝大（東大）からの転校です。卒業後は牧師となって、愛媛の今治《いまばり》に赴任します。そこでの教会牧師在任中に、覚馬の娘（峰）と結婚します。この時点で、新島襄は峰や八重を介して、横井家の縁戚となります。

その関係から、新島も、ここに埋葬されるはずでした。現に彼は生前、父親（民治《たみじ》）の墓をここに建てていました（今は同志社墓地）。ですが、新島自身の場合はビッグすぎたのか、ドタキャンです。葬儀の前日になって、キリスト教式の埋葬は困る、と寺から断られました。仕方なしに急きょ、当時は寂しい、若王子山頂に葬った、というわけです。

これが同志社墓地の始まりです。同志社と京都が、当時いかにミスマッチであるか、を示すエピソードです。

女紅場跡

南禅寺を後にして、じゃ、京都府庁に向かいます。途中、鴨川にかかる丸太町大橋を渡ります。渡り切った西詰め南側を注目してください。歩道の傍らに「女紅場《にょこうば》址碑」が見えます。車窓からも、確認できます。

この辺りは、もともとは九条家のお屋敷でしたが、明治維新以後、覚馬の建策で日本初の公立女学校（女紅場）が開校しました。八重はいち早く教員になります。八重の後なんですが、姉（最近、その存在が判明したという窪田浦）もここで働いています。やはり覚馬の力でしょうね。

八重の場合、何を教えたか、って言いますと、寄宿舎に住み込み、生徒に礼法や養蚕、機織《はたお》りなどを教えております。そのかたわら、自分もイギリス人女性教師から英語を習っております。

鴨沂《おうき》高等学校

学校は、その後、場所と校名を変え、府立第一高等女学校となります。現在の府立鴨沂高等学校（共学）です。私も、もしも私立（同志社高校）に行かずに、公立高校へ行っておれば、この学校でした。京都は小学区制でしたから、行く学校は出身小学校で決まりました。

女学校が現在地に移転した際、九条家時代の校門はそのまま移築されました。つまり、現在の鴨沂高校の正門は、かつての九条邸の正門なんです。

八重が、その昔、女紅場教員としてこの門を何度も潜《くぐ》っていたことを思うと、何となく親近感を覚えますね。さらに八重はやがて結婚すると、新婚生活を鴨沂高校の周辺で送るようになります。これも不思議なことです。

京都府庁

遠方に府庁の本館が見えてきました。きれいですね。国の重要文化財に指定されています。正門を入ったすぐ右手に「京都守護職上屋敷《かみやしき》跡」、左手に「京都慶応義塾跡」と彫った石碑があります。

最初、黒谷に置かれた京都守護職は、まもなくここに移転します。そのためにこの辺りの土地を三万坪ほど、買い占めたといいます。黒谷は、御所などに遠いために、守護職は洛中に移転せざるをえませんでした。

一方、慶応義塾の碑ですが、同志社開校の前年（一八七四年）、ここで開校したことを示す記念碑です。が、半年ちょっとで廃校されます。慶応をもってしても、京都での私学経営は大変だったようですね。もしも新島が京都に来た時（翌年の一八七五年です）に、慶応義塾がまだ存続していたら、同志社が京都に「割り込む」余地はなかったか、少なかったのでは、と勘ぐってしまいます。

中庭に桜

二本の石碑の説明はこの位にして、府庁旧本館の中に入ります。二階には旧知事室と旧府議会室が公開されています。場所こそ違いますが、覚馬が、知事顧問や初代府議会議長であったことを考えると、なんとなく親近感がわいてきます。

中庭に参ります。今日の府庁見学の最大のお目当てです。何本かの桜が植わっていますね。そのうち、この木を見てください。由来《いわれ》が説明板に書いてあります。

最近、山桜の変種であることが、三代目桜守《さくらもり》の佐野藤右衛門氏によって判明したので、名前を新たにつけた、とあります。由来が大事です。

「容保桜《ざくら》」と「はるか桜」

ここが京都守護職であったこと、松平容保が初代（で最後の）守護職であったことから、桜は「容保桜」と命名されました。

お殿様が大好きだった八重が生きておれば、さぞかし喜んだろう、と思います。いま、同志社はこれを株分けしてもらって、キャンパスに植える計画を立てています。できれば、NHK大河ドラマ「八重の桜」の放映後、どこかの時点で行ないたいですね。

〔その後、二〇一三年三月になって、同志社では株分けされた「容保桜」の苗を彰栄館の前に二本、植えました（本書口絵④）。一方、福島県は二〇一二年の末に、綾瀬はるかサンに新種の桜の名付け親になってもらいました。生まれたのが、「はるか」です。一説には、「ガンコ桜」という名前も有力な対立候補であったとか。「はるか桜」は、いずれ同志社にも来るのじゃないでしょうか。〕

新島旧邸

それでは、御所《ごしょ》の西側から東側へ戻って、「新島旧邸」に向かいます。いまは、京都市の登録有形文化財です。一八七八年の竣工ですから、築《ちく》百三十五年です。復元工事はすでに終わっておりますが、八重が裏の死後に改造した一階の洋間（茶室が組み込まれています）だけは、例外です。二階建ての方が母屋で、コロニアル・スタイルと呼ばれるニューイングランド様式です。セントラル・ヒーティング、三方に張り出された広いベランダ、それにフローリングの台所やダイニング・キッチン、洋式腰掛便器（木造）など、京都の伝統的な町屋の構造とは、まったく違っています。ただよく見ますと、かなり和洋折衷様式が取り入れられています。しかし、新島は洋風の生活を好みましたから、全体としては、洋が勝っています。

同志社開校（始業）の地

それに対して、母屋に隣接する付属屋（平屋）のほうは、新島の両親や姉（美代）、養子（公義《こうぎ》）を住まわせた関係から、完全な和風です。

敷地は全体では、約千坪ありました。ここから見えるあの新島会館の本館や別館が立っているところは、当時は庭です。桐を何本も植えたり、射的場なども設けました。が、大半は、家庭菜園で、西洋野菜を栽培しておりました。建物同様、洋風生活主体の新島夫妻は、隣接する御所や民家から見れば、相当浮いた存在だったでしょうね。

この建物は、来年の「八重の桜」の後半では、ドラマの主要ステージになります。ですが、ここでのロケはないでしょうね。NHKは実物大のセットを東京に作るはずです。

八重終焉の地

この旧邸で八重は五十四年間、暮らすわけですが、亡くなったのもここです。今の学生さんたちなら、「京大病院か日赤で亡くなった」と思いがちです。

もうひとつの誤解は、たとえこの邸で息を引き取ったことを知ってる人でも、二階の寝室で、と判断するのが普通です。今も寝室には夫妻のベッドがそれぞれ保存、展示されてますからね。

実際は、一階隅の書斎です。それを言うと、えっ、という反応が返ってきます。洋間である上に、壁二面が書棚や書類入れ、部屋の中央は、大きなテーブルや椅子で占められていますから。

実は、八重は晩年、階段を上り下りするのが辛くなりましたから、書斎を和室に改造して、居室にしたんです。それを同志社は、八重の死後、元の書斎に戻しました（本書口絵②）。

同志社発祥の地

建物と並んで注目すべきは、敷地です。ここは、同志社（男子校）発祥の地です。一八七五年の秋に開校した同志社英学校（男子校）は、ここに建っていた中井屋敷（の半分）を借家して始業しました。当日の朝、ここでの始業に先立って、近くの新島の借家で開校を感謝する祈祷会が、開かれています。

この集会は、実質的には創立式典とでも言うべきでしょうね。その場合、キャンパスとは別の場所で行なわれていますから、ちょっと違和感があります。今なら、さしずめ宝ヶ池の国際会議場あたりを借り切って、大々的に開校式を挙げた、とでも考えればいいんでしょうか。実際に開校、すなわち授業が始まったのは、あくまでも中井屋敷です。生徒八人、教員は二人というささやかなスタートでした（最近の拙著『徳富蘇峰の師友たち』で、八人の名前を特定しました）。

翌年、学校を今出川に移転させた後、新島は運良くこの屋敷の敷地を買収して、そこに自宅を建てた、というわけです。

旧柳原邸

最後にここから御所を通って、大学まで歩いて戻ります。新島の通勤コースでもありました。途中、「和風迎賓館」があります。あそこは、この間まで饗宴《きょうえん》広場（グラウンド）でしたが、維新当時は公家屋敷の団地でした。

公家屋敷のひとつが、柳原前光《さきみつ》の屋敷です。最初の同志社外国人教員となったJ・D・デイヴィスは、ここを借家しました。この借家で八重は、京都で初めてのプロテスタントの洗礼を受けます。一八七六年一月二日のことです。キリスト教が嫌われていた時代に、率先して信徒第一号になるんですから、勇敢ですね。前例がありませんから、誰でもビビリます。恐いですよ。

洗礼の翌日、再びデイヴィスの司式により、彼の自宅で新島との結婚式が行なわれます。もちろん、プロテスタントの結婚式は、京都では新島夫妻が最初です。

さらに、この年、デイヴィスの借家で女子塾が開かれます。ミッション（アメリカン・ボード）が、始めたので、「京都ホーム」と言います。今の同志社女子部（女子中高校、女子大学）の前身です。八重は、かつて女紅場で働いた経験を活かして、ここでも女性宣教師を助けます。

今出川校地

以上、三つの出来事（洗礼、結婚、女学校開校）は、いずれも現在の和風迎賓館の敷地で行われました。八重個人にとっては、どれもが三十歳前後を彩る華やかな経歴です。

さあ、今出川キャンパスに戻ってきました。さきほどの「新島旧邸」の所で開校した男子校（同志社英学校）も、柳原邸で始まった女子校（同志社女学校）も、今出川通りを越えて北上し、まもなく今の校地に移転します。

つまり、男子校は、かつての薩摩藩邸跡に、女子校は二条家の屋敷跡に移ってきます。こうして男子部と女子部が並列するという現在の今出川キャンパスの原型ができあがります。八重は、このうち女学校の方を、校長（男女校とも）の新島を助けるかのように、手伝います。母親（佐久）ともども、寄宿舎に住みこんだりします。

栄光館

さあ、同志社女子部のシンボル、栄光館です。今日のツアの最後のスポットです。この建物は、八重が亡くなる四か月前（一九三二年二月）にできました。中の講堂は、約二千人を収容できました。竣工当時は、京都で最大級の巨大ホールでした。八重の葬儀は、ここで学校葬として行なわれました。

八十六年に及ぶ波瀾に富んだ人生でした。

今年の夏には改修工事が予定されています。戦中の「金属供出」で軍部に差し出したシャンデリア（今は貧相な蛍光灯です）も復元されます。ウン千万かけて、昔通りのぶどう状の大きな電灯が、何百個と蘇ります。

となると、新築当時の荘厳なシャンデリアが復活しますから、「八重の桜」の葬儀ロケ（その可能性は、限りなく低い予感がしますが）に使ってもらうと、映えると思います。

（新島襄・八重ゆかりのスポットをめぐる八重ツアア、京都市内、ＪＴＢ、二〇一二年三月二四日）

「平和の使徒《つかい》　新島襄」
――シャロームに生きる――

上州系江戸っ子

久々の安中《あんなか》教会です。この新島記念会堂で、皆さまといっしょに新島襄召天記念礼拝を守ることができて、うれしいです。

この教会の実質的な創立者とも言うべき新島襄（一八四三年～一八九〇年）は、実は江戸っ子です。幕末の江戸（神田）で生まれ、江戸で育ちました。群馬県に定住したことは一度もありません。

したがって、二十歳までに安中に来たのは、たった一回だけです。お殿さま（藩主）の護衛のためでした。京都時代の帰省（一八八二年七月）を含めても、二回だけです。

現在、安中市に保存されている「新島家旧宅」は、新島の留守家族が住んだ家であって、新島はここで生活したことはありません。紛らわしいですね。実際に八重《やえ》夫人と暮らした京都の「新島旧邸」とは、性格が違います。要するに新島の生活臭は、群馬にはあまり残っていないんです。

なぜ、「平和の使徒」？

それが、「上毛《じょうもう》かるた」では、上州人扱いです。「江戸かるた」なら、分かるのですが。なぜか。

父親（民治《たみじ》）が、安中藩の武士だったからです。ですが、新島は自分では、江戸っ子というよりも、「関東武士」とか「関東の暴れ馬」という意識を持っていました。いわば、「上州系江戸っ子」です。

その新島は、群馬の小学生なら誰でも知っているという「上毛《じょうもう》かるた」では、なぜか「平和の使徒　新島襄」です。これが、もうひとつの疑問です。同じクリスチャンでありながら、賀川豊彦《とよひこ》のように平和運動をしたわけじゃ、ありません。柏木義円《ぎえん》や内村鑑三《かんぞう》のように戦争反対（非戦論《ひせんろん》）を勇ましく唱えたわけでもありません。その点、「こ」の札、「心の燈台《とうだい》　内村鑑三」と違って、いまひとつしっくり来ません。新島襄とは、そもそも何者なのか。

こういう疑問を感じながら、かるた遊びをした人は、あんがい多いのじゃないでしょうか。名前は知ってても、中身はさあ、という人が、大半でしょうね。

謎を解くカギ

この謎を解くカギは、ふたつあります。ひとつは「ユネスコ憲章」、もうひとつは「上毛かるた」の提案者です。

まず、「ユネスコ憲章」です。第二次世界大戦が終わった直後（一九四五年十一月）、国連教育文化会議（ユネスコ）が制定した平和宣言です。最初の一文が、有名です。

「戦争は、人の心の中に生まれるものであるから、人の心の中に平和の砦《とりで》を築かなければならない」。

これは、「新約聖書」の中の次の一節によく似ていますね。

「キリストはわたしたちの平和であって、二つのものを一つにし、敵意という隔《へだ》ての中垣《なかがき》を取り除き」(「エペソの信徒への手紙」第二章十四節)。

要するに、キリストが説くメッセージは、平和と密接につながっています。「あなたの隣人を愛せよ」とか、「敵を愛せよ」という聖書の教えは、そもそも戦争の元栓を締めるような効果があり、「平和の砦」になりえます。

須田清基

「ユネスコ憲章」と並ぶ、もうひとつのカギは、「上毛かるた」を発案した須田清基《すだせいき》という人物です(山下智子「須田清基――『上毛かるた』への貢献――」、『新島学園短期大学紀要』三〇号、二〇一〇年三月)。新島と同じくこの安中の出身であり、しかもキリスト教の伝道者でした。あそこに肖像画が懸かっている柏木義円牧師よりこの教会で洗礼を受けています。

「平和の使徒 新島襄」という文言は、須田が考え出した読み札《ふだ》です。彼がイメージする「平和」は、実は聖書が示す「平和」の内容と重なります。代表的な用例をひとつ、「旧約聖書」から抜いてみます。

「いかに美しいことか。山々を行き巡り、良い知らせを伝える者の足は。彼は平和を告げ、恵みの良い知らせを伝え、救《すく》いを告げ、あなたの神は王となられた、とシオンに向かって呼ばわる」(「イザヤ書」第五十二章七節)。

注目してほしいのは、ここでは「良い知らせ」と「平和」とが、ほぼ同じ意味で使われていることです。「良い知らせ」とは、キリスト教では「福音」を意味します。須田は、これこそが「本当の平和」だ、と考えました。

彼が郷土の先駆者《パイオニア》である新島に対して抱いたイメージ、それは自分自身が伝道者であるということからも、世の人々に神の恵みや救いを説いて廻るキリストに似た姿でした。

シャローム

ここから須田は、「上毛かるた」の「へ」の読み札に、聖書的な「使徒」という文言を入れました。「使徒」は「しと」と読むべき、と決めていました。ところが、委員会が、「つかい」と読み替えました。須田としては、イエスに仕えた十二人の直弟子《じきでし》、すなわち「十二使徒」のイメージを、新島にもダブらせたかったに違いありません。

現に、新島の教え子（山室軍平《ぐんぺい》）は、新島夫人（八重）の告別説教の中で、「新島先生は、新日本の使徒であった」と断定しています。須田としても、読み方こそ妥協しましたが、「使徒」（イエスの直弟子）を単なる「使い」と書き改めることには、抵抗したはずです。それほど、このかるたの文言は、聖書的なのです。

「平和」もそうです。「旧約聖書」は、もともとヘブライ語で書かれていました。「平和」の原語は、「シャローム」です。英語の「ピース」と違って、神の懐《ふところ》に抱かれた平和とか、神の祝福の中にある平安を意味します。つまり、すぐれて精神的で宗教的な言葉なのです。要するに新島は「シャローム の伝道者」だった、というわけです。

ふたつの顔を合わせ持つ

新島が、「シャロームの使徒」になった理由《わけ》は、それまでのバックグラウンドをざっと見れば、納得できます。彼は、現在、教育者として、よく知られています。けれども、一方で彼が伝道者（牧師であり、宣教師）であったことを忘れてなりません。彼は、教育と宗教の両方に、二股《ふたまた》をかけた生き方を最後まで貫きました。

教育の面では、同志社大学（の前身校）の創立者であり、初代校長（総長）です。一方、宗教の面では、同志社教会を立ち上げた牧師、宣教師です。新島自身のモットーは、「自由教育、自治教会、両者併行《へいこう》、国家万歳」でした。

つまり、キリスト教主義の学校と教会は、車の両輪と同じで、前進するには、ふたつとも必要なのです。仕事として、学校（同志社）百パーセント――これでは牧師（宣教師）としては、失格です。ともに五十パーセントが正解です。

つまり、新島には、ふたつの顔があります。教師と牧師の両面で、「シャローム」を宣《の》べ伝えることが目標であり、使命なんです。聖書の言葉を伝えることにより、生徒や信徒に対して、「心の教育」をしたかったのです。キリスト教をベースにした徳育、すなわち精神教育です。

三つのステージ

新島がふたつの顔をもつようになったのは、どうしてか。彼の生い立ちを振り返ると、答えが出てきます。そこで、ビデオの早送りよろしく、その生涯をざっと見てみます。

新島は江戸で生まれ、大磯（神奈川県）で亡くなりました。四十七回目の誕生日を目の前に病死しました。四十六歳でした。その生涯は、およそ三つのステージに分かれます。

出世魚のように、成長段階に応じて、名前が変ります。身分や活躍するステージも変化します。

㈠第一ステージ（一八四三年〜一八六四年）

名前は新島七五三太《しめた》。生活の拠点は江戸の神田一ツ橋にあった安中藩邸です。身分は、サムライ（下級武士）です。期間は、二十一歳までです。

㈡第二ステージ（一八六五年〜一八七四年）

名前は英語（最初は Joe. 次に Joseph Neesima）です。ステージはアメリカ合衆国（特にボストン周辺です）。この間に新島はサムライからクリスチャンになります。海外で暮らした十年間のうち、九年が留学生でした。

㈢第三ステージ（一八七五年〜一八九〇年）

帰国後、京都に同志社を設立してから、亡くなるまでの十五年間です。自身、新島襄と名乗ります。「襄」とは、第二ステージ時代の英語名（「Joseph」の愛称「Joe」）を漢字に変換させた日本名です。身分は校長、牧師（宣教師）です。

第一ステージ

三つのステージをそれぞれもう少し、くわしく見ていきます。まず、最初の二十一年間ですが、少年時代の新島は、腕白《わんぱく》だったようです。父親が書道の専門家で、書記職（祐筆《ゆうひつ》といいます）であったことから、自宅は書道塾を兼ねました。新島は書道の跡継ぎとして、五歳から書道の練習をやらされました。時には、半日も練習が続きます。

もともと彼は、外で遊ぶことが好きでした。とりわけ凧揚《たこあ》げには夢中でした。母親の言いつけや食事時間を守らないために、何度も叱《しか》られます。ついには、凧を取り上げられました。けれども、今度は自分で材料を確保して、自前の凧を作って、遊びほうけました。

乱暴な遊びも好きでした。ある時、高い所から落ちて、額《ひたい》をはげしく打ちました。その場で失神してしまい、治るまで二か月間、外出できないほどの大怪我《おおけが》でした。傷跡は、写真や肖像画を見れば、はっきりと残っています。

この事故以来、新島は危ない遊びをやめて、部屋で静かに本を読んだり、勉強したりする少年になりました。勉強では、とくに算術が好きでした。青年になってからは、数学のほかに、測量術や航海術などを熱心に勉強するようになります。

家出作戦

そんな新島にとっては、江戸藩邸での仕事は、実に退屈で、窮屈なものでした。お殿様に仕える仕事に、生きる意味を何も見つけることができませんでした。

最初に仕えた藩主（板倉勝明《かつあきら》）は、「学者大名」と言われたくらい、学問が好きでした。勉強好きな新島に目をかけてくれました。けれども、藩主が交代してからは、藩内の空気が一変し、勉学に励む新島はかえって疎《うと》んじられます。その結果、勉強に集中できなくなりました。

しだいに、彼は「カゴの鳥」や「袋の中のネズミ」のような不自由さを感じ始めました。そうしたおり、たまたま快風丸（本書口絵③）で玉島（今の倉敷市）へ往復する航海に恵まれました。船上生活、あるいは初めて見る外の世界は、それまでの藩邸生活とは大違いでした。

ほぼ正方形の江戸藩邸での生活は、「四角い空」の下に閉じ込められたような暮らしでした。それに対して、洋上では無限に広がる「丸い空」を体感できました。こうした自由をいったん味わった新島は、やがて自由な世界への「家出」を夢見るようになります。

勉強仲間から借りた本が、海外渡航への夢を膨らませます。こうして彼は、函館からの密出国を企てるようになります。当時の日本は、「鎖国」をしておりました。新島はあえて犯罪を犯してでも、外国へ行こう、との決意を固めます。

最初の幸運

密出国の要因はいろいろ考えられます。欧米文明への憧《あこが》れ、キリスト教や聖書の勉強、世界の果てまで行ってみたいという冒険心――けれども、最大の動機は、さまざまな封建社会の鎖から解放されることです。私は以前、『マンガで読む新島襄』を監修、出版する時、前編の副題を「自由への旅立ち」としました。自由を求めて、新島は外国（できれば、アメリカ）を目指したからです。

二十一歳の時、新島は函館から密出国することに成功しました。それから、一年かけて、ようやくボストンに入港します。その間の出来事のなかで、最大の幸運は、上海でのシップ・ハンティングでした。もともと、新島を函館で乗船させてくれたアメリカ船は、上海行きでした。そこから別の船に乗り換える必要がありました。

上海で彼を拾ってくれた船は、ハーディー商会所有の貿易船でした。この船のオーナーは、ボストンに住むセレブ（A・ハーディー）でした。この社長は、ボストンに流れ着いたアジアからの逃亡者、それも裸一貫《いっかん》であった見知らぬ青年を、まるで「養子」のように、家庭に受け入れてくれました。以後、ハーディーは「アメリカの父」として生活全般の面倒を見てくれたのです。

この幸運がなければ、その後の新島はありえませんでした。

第二ステージの幸運

こうして、アメリカでは実に恵まれた留学生活をエンジョイできました。ハーディーが理事長や理事をしていた三つの学校に入学することができました。

高校（フィリップス・アカデミー）、大学（アーモスト・カレッジ）、大学院（アンドーヴァー神学校）は、いずれもキリスト教主義（プロテスタント系）の超一流私学です。新島は入国後、すぐにキリスト教の洗礼を受け、信徒となりました。やがて、将来は牧師になりたい、という夢を見るようになり、大学院は神学校を選びました。

二つ目の幸運は、神学生の時に降りてきました。「岩倉使節団」との巡り合いです。この使節団は、維新政府が欧米に派遣した大型使節団で、岩倉具視《ともみ》が正使（代表）、大久保利通《としみち》や木戸孝允《たかよし》、伊藤博文らが副使（副代表）でした。

新島は使節団を手伝うために、神学校を一年、休学して、現地の受け入れチームの一員になりました。このおかげで、木戸を始め、田中不二麿《ふじまろ》（文部理事官）、森有礼《ありのり》（いまの駐米公使）といった高官と知り合うことができました。

この時に培《つちか》った人脈は、帰国後の第三ステージで大きく花開きます。同志社の開校は、こうした人脈抜きには、ありえませんでした。

岩倉使節団の影響

さらに、新島は、使節団のために働くにあたって、日本政府から待望のパスポートと留学許可証を授与されました。これで漸《ようや》く、密出国をした犯罪を許され、逮捕される危険性から逃れることができました。自由の身となって、晴れて帰国できるようになれたのです。そればかりか、正規の留学生として公的に認められ、安心して留学生活を送れるようにもなりました。

いまひとつ、使節団から受けた大きな影響があります。それ以前の新島は、牧師として帰国するつもりでした。しかし、一年にわたって欧米諸国を使節団のメンバーと共に廻ったことが、新島に新しい夢を抱かせました。

各国の教育機関や大学などを視察したり、教育事情を探ったり、さらには教育行政の責任者から直接に話を聞くことができた結果、教育の果たす役割の大きさに眼が開かれました。そこで、宗教だけでなく、教育にも力を入れる必要を感じるようになりました。

以来、帰国したら、伝道のかたわら、欧米、とりわけアメリカの学校システムを日本に移植したいと望むようになりました。こうして教会だけでなく、キリスト教学校の設立が目標になります。「自由教育、自治教会」の両立です。

十年振りに帰国して安中へ

新島は神学校で牧師になる勉強をして卒業し、念願の牧師になれました。さいわい、ハーディーが理事長を務めるミッション（アメリカン・ボード）から宣教師に任命されて、帰国できることになりました。以後の給料は、すべてボストン（ミッション）が支払います。

逆に、このことが、新島の活動拠点を決めます。彼は江戸っ子ですから、自由意思で帰国すれば、横浜か東京、すなわち関東を活動拠点とするはずでした。しかし、宣教師に雇用された場合、帰国するときの身分は、いわば派遣社員です。自分で赴任地を選ぶことは許されません。

当時、このミッションから派遣された宣教師が活動していたのは、神戸と大阪だけで、それ以外の土地で働く可能性は、いっさいありませんでした。結局、彼の働き場所は、大阪になります。

最初の伝道地は安中

新島は十年振りに帰国して横浜に戻るや、すぐに安中に向かいます。留守家族は、明治維新になってから江戸を引揚げ、安中の住宅（これが「新島家旧宅」です）に転住していました。両親や四人の姉たちと再会の喜びを分かち合いました。残念なことに、祖父と弟は、すでに亡くなっていました。

大阪に赴任する前に、新島は安中で牧師としての最初の仕事をします。街や近隣の人たちを相手に、伝道に着手したのです。このとき、新島の感化を受けた湯浅治郎を始めとする安中の人たちは、のちに新島から洗礼を受け、教会（今の安中教会）を形成いたします。

つまり、新島の公的活動は、この安中で始まりました。その成果が、皆さまの教会、というわけです。ここは、「内陸部」に生れた最初の教会です。さらに、第二次世界大戦後になって、湯浅家の人たちが中心になって、新島学園が安中に設立されました。これなども、新島の「自由教育、自治教会」の両立という点で、貴重な試みです。

三つ目の幸運

帰国した新島の動向に戻ります。大阪に落ち着いた新島は、そこに出来たばかりの教会を助ける一方で、さっそく、学校作りに取りかかります。さいわい、重要な会議（いわゆる大阪会議）のために大阪に結集していた木戸孝允や伊藤博文らの援助もあって、設立運動は順調に進むかに見えました。当時の大阪府庁に対しては、特に木戸は大きな力を奮っていましたから。

けれども、あと一歩のところで、計画は流れてしまいました。失意のあまり、新島は保養と観光を兼ねて、京都見物に出かけました。そこでは、思わぬ出会いが待っていました。山本覚馬《かくま》という京都府顧問（知事のブレーン）と知り合えたのです。彼が新島より早く、木戸とも面識があったことが、ここでもプラスになりました。木戸が率いる長州閥は、京都府庁の首脳たちを牛耳っておりました。

山本覚馬との出会い

京都に同志社が立地できたのは、まるで守護神のように木戸を背後に控えた山本覚馬という人物抜きに説明がつきません。新島の人生における三番目の幸福です。

覚馬は会津の出身で、すでにキリスト教にも理解を示していました。そこで、新島が望むキリスト教学校を京都にいわば「誘致《ゆうち》」してくれました。江戸っ子であり、旧安中藩士の新島は、京都には何のつながりもありません。来たこともありません。まったく未知の土地です。

おまけに、神戸や大阪と違って、教会はもとより、牧師も信徒も宣教師もゼロの地帯です。だから、ここにキリスト教の学校を開くことは、とうてい考えられませんでした。かりに出来たとしても、新島独りでは、絶対に不可能です。なにしろ、京都はキリスト教を敵視していた佛教勢力が結集する、いわば「宗教的な首都」ですから。同志社とは、明らかにミスマッチです。

山本八重と結婚

それだけに、覚馬の支援は、決定的な要因でした。幸運なことに、覚馬の妹（八重）は、やがてキリスト教に入信し、京都で初のプロテスタントの洗礼を宣教師から受けて、信徒になります。その翌日には、新島との結婚式が行なわれました。こうして、新島は山本覚馬の義弟になったわけです。

来年（二〇一三年）一月から一年間、NHKが大河ドラマで、八重を取り上げます。「八重の桜」です。楽しみですね。

彼女は会津と山形で二十数年、暮らしました。その間の最大の出来事は、戊辰《ぼしん》戦争（会津戦争）です。鶴ケ城《つるがじょう》に一か月籠《こ》もり、自ら銃や大砲を操《あやつ》って、薩摩・長州・土佐を主力とする西軍を相手に銃撃戦を展開しました。なにしろ、山本家は代々、砲術を教える師範でしたから、八重は少女の頃から、自然と砲術を身につけました。

敗戦後、兄を頼って京都に転住し、後に入洛してきた新島と出会う、というわけです。

同志社を創立

新島は、妻となる八重の兄、山本覚馬（敗戦後、京都府の顧問でした）と組んで、ふたりで同志社英学校（男子校）を立ち上げました。法的には、山本と新島が、同志社の発起人です。新島が帰国して一年後の一八七五年十一月のことでした。

新島は男子だけでなく、女子教育への関心も高く、一八七七年には同志社女学校を設置いたしました。

やがて、同志社を大学にする募金運動を始めます。当時の日本には大学は東京にただひとつ、それも国立（帝国大学。今の東大）だけ、という状況でした。したがって、日本初の私立大学、しかもキリスト教主義大学というのは、破天荒《はてんこう》なプロジェクトにほかなりません。新島自身が「白昼夢」と認めているくらいですから（⑥三六六）。

慶応が後を追う

こうした新島に刺激され、大学作りに腰を上げたのが、福沢諭吉です。慶応義塾は、大学設立運動では同志社に先を越されたものの、実現は先でした。先頭を切った新島としては、実に皮肉なことですが、慶応義塾大学部が発足したその日は、同志社で新島の葬儀が行なわれた日でした。

私は、『マンガで読む新島襄』の後編に、「日本初の私立大学への挑戦」という副題をつけました。新島はこの面では、確かに先駆者でした。だが、彼の大学設立運動は成功しませんでした。大学の誕生は、新島死後のことです。

新島夫妻の結婚生活は、十四年で終わりました。その間、ふたりで安中を訪ねたのは、一度限りです。新島にとっては、久しぶりの帰省です。

新島の最後の公的生活は、前橋で終わりました。大学募金活動のために、彼は医師が止めるのを振り切り、最後の力を振り絞って、北関東にまで足を伸ばしました。ですが、そこでブレイク・ダウンしました。

帰国直後、群馬県（安中）で始まった彼の公的活動は、最後、群馬県（前橋）の募金活動で尽きてしまいました。上州人として見れば、本望だったのかも知りません。

新島死後のこと

新島の死後、八重は四十二年間、長生きをしました。日清・日露戦争では、篤志《とくし》看護婦（ボランティアです）として傷病兵の看護に当たりました。

後半生は、もっぱらお茶に入れ込む生活でした。裏千家《うらせんけ》から「宗竹《そうちく》」という名前を貰い、自分でも弟子をとりました。

一方、同志社のその後の消息ですが、大学になるのは、新島が亡くなってから二十二年後の一九一二年のことです。今では、十数校の学校を抱える一大総合学園になりました。日本において最大のキリスト教学園です。最初の生徒は八人、教員は二人でした。それが、現在は三万数千人の園児、生徒、学生、院生を擁《よう》するマンモス学園です。

京都以外にも姉妹校があります。群馬県では、前橋市の共愛学園、そして安中市・高崎市の新島学園です。前者は、初期の同志社卒業生が中心になって十九世紀に創立した女学校（今は共学）です。後者は、戦後、新島襄の宿志を継ぐ湯浅家が支柱となって出来た男子校（今は共学）ですね。

シャロームに生きる

両校は、安中教会や前橋教会、高崎教会といった同志社系の周辺教会と共に、群馬県におけるキリスト教勢力の中核です。同志社系の教会が、東日本で一番多いのも群馬県です。同志社の歴代総長（現在まで十八人）にしても、群馬県からは、三人も出ています。熊本県に次ぐ人数です。すべては、新島襄が起点です。

彼は「シャローム」を宣べ伝えるばかりか、自ら「シャローム」を実践しようとしました。つまり、「シャローム」に生きようとしたのです。しかも、教会と学校の両方で、「心の教育」、あるいは徳育を施すこと、これなしに、日本が進むべき道はありえない、というのが、新島の信念でした。

群馬では、「上毛かるた」や「安中かるた」を武器に、新島の名を知らしめることは、たやすいことです。問題は中身です。この地にある安中教会や新島学園は、新島の情報発信基地として、実に有利というか好都合な立場にあります。

皆さまは、そのことを深く自覚されて、自ら「シャローム」に生きた新島の志を引き継いでいただきたい、と願わずにはおれません。

（日本キリスト教団安中教会日曜礼拝、群馬県安中市、二〇一二年一月一五日）

ニレの植樹

八重（中央）とM・F・デントンは、同志社女学校の二大巨頭である。これは、クラーク神学館の前庭で行われた同志社創立50周年記念植樹（1925年）のおりの写真である（『同志社時報』337、1926年1月1日）。ふたりは、玄関先の牛の石像と井戸の傍にニレを植えた。一方、D・W・ラーネッドと海老名弾正は、反対側にゲッケイジュを植えた。前者は早々と枯死したが、後者はごく最近まで健在であった。

「元気の使徒《つかい》 新島八重」
――日本の元気印――

「平和の使徒《つかい》・新島襄」

元気と活力の源《みなもと》、それが新島八重です。今年の大河ドラマ、「八重の桜」のヒロインに選ばれたのも、彼女がパワーあふれる女性だからです。「三・一一」で、たくさんのいのちと生活を奪われた人たちに、生きる力を送り込む復興のシンボルとして、NHKは福島県（会津）出身の八重に使者の役割を期待しました。そうなんです、「日本の元気印」の出番です。

夫である新島襄《じょう》の名前は、出身地の群馬県の小学生の間では、「上毛《じょうもう》かるた」のおかげでほぼ百％定着しています。「平和の使徒《つかい》・新島襄」という「へ」の札《ふだ》です。これに倣《なら》って、もしも八重をカルタにするならば、読み札は、「元気の使徒《つかい》・新島八重」でしょう。

もちろん、新島だって元気の源です。同志社の学生だった徳富蘆花《ろか》が、後に書いた小説には、こうあります。「先生の温《あたた》かい強い言葉は、萎《な》え切った敬二〔蘆花のことです〕の心身に酒よりも濃い血を注入する様《よう》で、それが全身に行き渡ると、見る見る元気が體《からだ》に漲《みなぎ》る様に思はれた」（『黒い眼と茶色の目』四三〇頁、新橋堂、一九一四年）。

元気の二人三脚

この新島から、一番たくさん元気をもらったのが、一番傍《そば》にいた八重なんです。八重は、会津戦争（一八六八年）で活躍した人物として、一部では知られていました。地元の会津では、むしろ山本八重子という名前のほうが、親しみがあると思います。

彼女は、女性ながらに銃と大砲を操《あやつ》って、「西軍」（新政府軍）と戦った勇敢なおんな兵士、あるいは、白虎隊《びゃっこたい》の少年隊士に銃を教えた女性として、これまで何度も小説やドラマ、マンガなどで取り上げられてきました。ＮＨＫはその雄姿《ゆうし》を「会津のジャンヌ・ダルク」と見ようとしております。

ハンサム・ウーマン

けれども、四年前（二〇〇九年）に「歴史秘話ヒストリア」（ＮＨＫテレビ）で「初代ハンサム・ウーマン」として紹介されてからは、事情が変わりました。以後、「ハンサム・ウーマン」として、知られるようになりました。「ハンサム」という英語は、日本では男性に使うのが一般的と思われてきました。が、英語では、実は女性にも使います。

八重に対してこれを用いたのが、新島襄です。彼は、八重と婚約したとき、アメリカ留学中にお世話になった恩人に八重の写真を送り、こう書き送りました。「彼女はごらんのようにちっともハンサムではありません。でも、ハンサムな生き方をする人（a person who does handsome）です。私には、それで十分です」。

新島は、アメリカでは高校から大学、大学院へと進みます。最後の大学院は、神学校で、牧師となる訓練を経て、資格をとり、十年振りに日本に宣教師として帰ってきました。アメリカに八年間いただけに、新島は「ハンサム」という英語が、「見た目よりもこころ」という意味のことわざ（Handsome is as handsome does.）に使われているのをさすがに知っていました。だから、それを八重の紹介に転用いたしました（拙著『ハンサムに生きる』七五～七七頁）。

「見えないもの」こそ大事

このことわざにそっくりなことが、新約聖書にも出てきます。「コリントの信徒への手紙　二」（第四章一八節）に、こうあります。「わたしたちは、見えるものではなく、見えないものに目を注ぎます。見えるものは過ぎ去りますが、見えないものは永遠に存続するからです」。

聖書は、「見えないもの」（中身やこころ）を「見えるもの」（外見や外面《そとづら》）よりも大事にすることを勧めています。新島自身がこうした生き方（これこそハンサムな生き方です）を常に目指していました。だから、それは、当然に彼の女性観や人生観にも、反映しております。

襄と知り合ってからの八重もまた、襄のそうした期待に沿うような生き方を心がけました。「ハンサムに生きよう」との決意が、クリスチャンになるきっかけでもあったはずです。

会津から京都へ

八十六年に及ぶ八重の生涯は、六十年以上が京都時代（一八七一年～一九三二年）です。しかし、それ以前の二十数年間（一八四五年～一八七一年）、短いとはいえ、会津で過ごした少女・青年時代も大事です。

戊辰《ぼしん》戦争で、八重は弟（三郎）と父（権八《ごんぱち》）を失います。兄（覚馬《かくま》）は鳥羽伏見《とばふしみ》の戦い（京都）で辛《かろ》うじて戦死を免れました。が、薩摩《さつま》藩に捕獲されました。会津の留守家族には、正確な情報が伝わらず、行方不明、あるいは戦死と思われていました。

最初の夫（川崎尚之助《しょうのすけ》）との離別（生き別れ）も、この戦《いくさ》の結果です。要するに、会津戦争は、会津人としての悲劇と悲哀を彼女の全身に負わせた空前の出来事でした。会津解体は、家族の解体でもありました。戦争中、鶴ケ城に男装して立てこもり、「女だてらに」鉄砲と大砲を操りながら、板垣《いたがき》退助《たいすけ》率いる「西軍」と銃撃戦を展開した結果がこれです。

彼女は、そうした運命によく堪えました。実地に味わった戦争体験は、京都に移ってからも、八重の心から消えません。晩年にいたるまで、「戦いは面白い」と豪語するあたり、並みの女性じゃありません。城を出て、夜襲《やしゅう》をかけた武勇伝を語る時の彼女は、「女性では私ひとり」と誇らしげです。

兄・覚馬

八重の人生は、京都で新局面を迎えます。兄の存在が、ここでも決定的です。彼女は、生きていたことが判明した覚馬からの誘いに乗って、母や姪《めい》、伯母と共に、一時避難していた米沢から京都に転じました。

兄は、会津藩のお殿様・松平容保《かたもり》が、幕末に新設された京都守護職《しゅごしょく》に就任したのに伴い、先に会津から京都に入っていました。覚馬は、薩摩藩邸に幽閉《ゆうへい》中に作成した「管見《かんけん》」（建白書）が、開明性と国際性に富んでいる、と勝ち組から評価され、京都府顧問（知事のブレーン）に抜擢《ばってき》されていました。当時の京都府は、長州閥が牛耳っていました。

覚馬は傑物

覚馬は、首都を東京に奪われた古都の再生策を府知事にあれこれと進言します。「町おこし」のために種々の近代化政策を立案、実施しました。こうした彼の働きは、なぜか地元の会津ではあまり知られていません。むしろ「長州に擦《す》りよった」と非難さえされます。

その点、会津史談会の会員で『会津こぼれ草』の著者による次の発言は、注目すべきですね。

「それから、山本覚馬。素晴しい先覚者ですね。東京・横浜間の鉄道より先に、京都・宮津間の鉄道を計画して、明治政府を慌《あわ》てさせたり、インクラインを作って、琵琶湖と大阪をつなぎ、日本最初の電車を走らせ、新島襄を助けて同志社を創立し、まあ、驚くべき人物だと思います。晩年、盲目となっても、〔初代〕議長として京都府会に睨《にら》みを利《き》かせていた傑物ですよ」（益田晴夫『会津こぼれ草』二四四頁、小林印刷所、一九五二年）。

八重の就職、洗礼、結婚

言われるように、凄い人物です。とりわけ、教育面の貢献は、すばらしいものがありました。新島に協力して、同志社英学校（キリスト教系の男子校）を設立したのも、そのためです。ほかにも、（同志社開校以前のことですが）日本初の公立女学校（女紅場）を立ち上げ、妹の八重を教員に加えました。すなわち、八重は、「キャリア・ウーマン」の先駆けです。

八重の就職だけでなく、彼女のキリスト教入信や結婚も、覚馬の感化抜きには、考えられません。彼女は覚馬の勧めで、積極的に外国人や宣教師に接触し、京都では誰よりも早く、英語やキリスト教を学びます。

八重は、宣教師から洗礼を受けた翌日、新島と結婚式を挙げました。プロテスタントとして、いずれも京都で初のケースです（カトリックは、江戸時代にすでに京都で結婚式も洗礼式も実施していたはずです）。「キリシタンはバテレン」と恐れられていた婚約当時にあって、八重は果敢に先駆者となりました。未知の世界へ踏み出すことは、誰しもビビってしまうことを思うと、八重は確かに列女です。

差別を受けても

そうした八重を待ち受けていたのは、社会的なペナルティーや差別です。列女は、飛び込む前から、すでにそうしたことは覚悟の上で、新しい世界の扉をあえて開けたのかもしれません。とにかく、牧師と婚約した、というだけで、四年間務めた女学校教員を知事から解雇されました。何も悪いことをしたわけじゃありませんよ。

でも、八重は負けません。彼女が凄いのは、そうした時に落ち込んだり、他人《ひと》を責めたり、後ろ向きにならないことです。常に前向きです。プラス思考です。教員の首を切られても、「いいんですよ。これで聖書を勉強する時間が、十分、とれますから」と。

周りの人間も救われますね、こういう言葉を聞くと。


「闘う女」


八重は、いつも「闘う女」を強いられました。ですが、自分でも「戦いは面白い」と言ってのける女傑です。しかも、「選ぶなら難の方を」という裏のモットーを実践してみせたような生き方です。

とりわけ、当時の古都では、出身（東北）といい、言葉（会津弁）といい、信仰（キリスト教）といい、市民の中では浮いた存在であったはずです。

「白河〔福島〕以北、ひと山百文《ひゃくもん》」という侮蔑の言葉が示すように、ミヤコ人《びと》から見れば、会津は文明から遠い未開の田舎《へきち》です。京都では、「会津」は「かいづ」と読まれてしまう時代です。しかも八重は、地方出身者（「田舎者」）に加えて、危険視されていたキリスト教徒です。さらに、「逆賊」、「朝敵」でした。千年以上も王城の地ですよ、京都は。だから、何重もの差別や嫌がらせを受けたに違いありません。

学内でもそうです。同志社の当時の学生からも、絶えず好奇の目で見られました。敵意、蔑視、差別、あるいは冷笑も、珍しくはありません。時に「悪妻」呼ばわりされます。でも、平気です。

たしかに、彼女のキャラクターは、同世代の女性の中では群を抜いています。それればかりか、現代の女性と比較しても、まったく遜色《そんしょく》はありません。進取《しんしゅ》の気性、開拓精神、奉仕の気持ち、そして耐久力、いずれをとってみても、むしろ、時代をはるかに先駆けています。「戦争上がりのお転婆《てんば》娘」と自分でも認めるように、生涯において活発に、そして信念を大事にして前向きに生きる道を突き進みます。「八重のように生きたい」と思わせるだけの魅力ある女性です。

夫の支え

そうした八重を背後から精神的に支えたサポーターこそ、新島です。彼との結婚生活は、わずか十四年でした。病身の夫は、四十四歳の八重を残して、亡くなります。八重は続いて二年後に、今度は兄を失います。

覚馬の死去は、打撃でした。しかし、宗教的、人格的な感化という点では、なんと言っても新島です。八重は新島と出会うことにより、人生と人格に大変革が生じました。会津時代の最大不幸が会津戦争とすれば、京都時代の最大の幸運は、新島との出会いです。

会津士魂

八重は、夫に先立たれてから四十二年間、（養女等との同居も一時はありましたが、）基本的に独り住まいを守ります。気丈夫だからこそ、できることです。精神的にも肉体的にも、健康そのものでした。

この間、チャリティ活動やら、日赤社員、あるいは篤志看護婦《とくしかんごふ》（ボランティア・ナース）として、ボランティア活動でも活躍しました。とくに、日清・日露戦争での看護活動（広島と大阪での看護婦活動）は、日本におけるボランティア活動の走りです。「日本のナイチンゲール」と称えられています。

こうした方面に八重の眼が開かれたのは、ひとつには信徒としての隣人愛、いまひとつは会津士魂《しこん》です。男性ならば第一線に躍り出て、銃撃戦を展開したい気分です。それが許されない女性には、「銃後《じゅうご》の守り」しか選択肢はありませんでした。

茶人

八重が後半生で看護活動以外に熱中したのは、茶道《ちゃどう》です。裏千家《うらせんけ》の家元《いえもと》から、直接に指導を受けました。当時は、「数奇者《すきしゃ》」に代表されるように、茶の世界はほぼ完全に男性のものでした。女性はシャットアウトされていました。

そこへ八重が、「女だてらに」乗り込みます。精進の結果、男性並みの師匠格に上り詰め、主として女性（時に外国人女性）をゲストや弟子に迎えます。

当時の家元や八重たちが取り組んだこの改革は、やがて実を結びます。いまや、茶道の世界は、圧倒的に女性上位ですね。八重が入門した時期と、まさに逆です。ということは、ここでも八重は立派に開拓者です。彼女は、亡くなる前日も茶会に出るほど、茶道（裏千家）三昧の生活を送りました。

そのために、自宅の洋室を改造して、わざわざ茶室を組み込みました。八十六歳の時に、数え（八十八歳）の米寿を祝う会が、同志社関係者によって企画されました。が、彼女の急病で取りやめになりました。その後、体力の回復を待って、盛大に開かれたのが、米寿を祝う茶会です。こちらにはちゃんと出席しております。

こうした活動からも窺えるように、夫に先立たれた後の生活では、八重のこころにじょじょに会津人意識が戻ってきます。言葉は、最後まで会津弁で通しました。「ミヤコ人」にはなり切れません。なりたいとも思いません。

じゃ、京都市民になかなかなれないのなら、逆に会津人に徹すればいいのか――それも、無理です。会津に戻る道は、きわめて細かったのです。会津に帰省をしても、温かい歓迎ばかりとは限りません。一部の会津人からは、「兄妹《きょうだい》揃って薩長《さっちょう》に擦《す》り寄った」と、裏切者呼ばわりもされます。そこまで行かなくとも、「故郷を捨てた」とか、「帰ってこないヤツはヨソ者」といった非難は消えなかったでしょうね。

「遊子」として生きる

八重は、異郷ともいうべき京都では、「遊子《ゆうし》」（さすらい人）として会津的世界で生きるほかありません。ある年の京都会津会の例会で、彼女は、そこに集った会津の人たちを見て、「遊子群れつる」と詠みました。

彼女自身が、ほかならぬ「遊子」です。この自覚のもとに、彼女は兄を頼って同志社に入学して来る会津の青年たちの面倒をよくみました。

たとえば、喜多方《きたかた》出身の鈴木彦馬です。長期間、自宅（今の「新島旧邸」）を空ける場合、留守番に頼むほど、信頼していました。その結果でしょうか、彼は八重の姪っこ（姉の娘、吉岡安栄《やすえ》）と結婚します（拙著『八重さん、お乗りになりますか』二三〇頁）。

兼子重光《かねこしげみつ》という学生も、そうです。彼も喜多方の出身です。年配者（年齢的には、今でいう社会人入学）であっただけに、会津出身者グループのまとめ役、あるいは指導者として頼りにされました。兼子は、同志社神学校を出て牧師となります。最後の赴任地が、会津若松教会でした。しかも、三十数年間、地元に根を張った活動をしました（本書一一八頁参照）。

会津からの入学者の中で、八重にとってもっとも異色だったのは、松平保大《かたはる》でしょう。「若殿」です。すなわち、かつて仕えた「殿」、容保《かたもり》の長男が入学したのですから、八重は驚愕、狂喜したに違いありません。

「遊子」の集い

「遊子」の繋がりとしては、ほかには、京都会津会があります。彼女の精神的な支柱でした。例会はたいてい、洛東の黒谷《くろたに》（金戒光明寺《こんかいこうみょうじ》）が会場でした。ここに、京都守護職《しゅごしょく》が最初に置かれたからです。なかでも、黒谷の「会津墓地」は、彼女のふるさとでした。

そこには、戊辰戦争で命を落とした会津藩士の墓が並びます。弟（三郎）を始め、戦死した会津藩士の名前を刻んだ慰霊碑も、立っています。だから、京都に住む会津の「遊子」たちにとっては、第二の故郷です。ふるさとの香りが嗅《か》げるパワースポットです。

元気を届けるメッセンジャー

会津墓地には、かつての殿の孫、勢津子姫《せつこ》（秩父宮妃殿下《ちちぶのみやひでんか》）が植えたニレの樹が、木陰を作っています。この勢津子姫（松平節子）の婚約と結婚は、会津人には、飛びっきりのビッグニュースでした。戊辰戦争で薩長を向こうに回して戦って以来、会津は新政府から「朝敵」、「逆賊」呼ばわりされてきました。天皇に逆《さか》らったけしからぬ輩《やから》、といった蔑視《べっし》と差別は、なかなか消えませんでした。

そうした汚名を晴らしてくれた出来事が、勢津子姫の皇室入りです。一九二八年のことで、会津は、まるで「救世主《メサイア》」を迎えるような歓迎振りに沸き立ちました。この時八重は、すでに八十歳を越えていました。ですが、単身、汽車の長旅をいとわず、さっそく京都から東京の松平家へお祝いに駆けつけました。

この時、東京で八重にインタビューを試みた会津の人がいます。初対面の八重の印象は――「元気の旺盛なる、実に壮者を凌《しの》ぐの概《がい》あり」です。話題が会津戦争ということも手伝って、「欣談《きんだん》快語、数時間に亘《わた》るも、毫《ごう》も倦怠《けんたい》の状なく、疲労の色なし。寧《むし》ろ、至誠刻々に顕《あらわ》れ、肘《ひじ》を張り、肩を怒らし、宛然《さながら》、戦場に在るが如し」であったそうです（平石辨蔵『会津戊辰戦争』増補版、四八三頁、丸八商店）。

希望の星

勢津子姫の「おめでた」からおよそ八十年後の今日《こんにち》、今度は八重が「八重の桜」となって開花します。これまた思わぬサプライズです。「三・一一」で打ちひしがれている福島や東北の人たちにとっては、まさに暗黒の中に差し込んで来た一条の光、あるいは希望の星です。二人目の「救世主」、二度目の「おめでた」が巡ってきたかのような歓喜です。

私が監修した集英社の八重の漫画（学習マンガNEXTシリーズ）のラストシーンは、東京へお祝いに出かける八重の旅立ちです。彼女の弾《はじ》けるような笑顔が、印象的です。勢津子姫を思わせる笑顔です。八重は笑顔の連鎖を生み出す「第二の勢津子姫」になることが、期待されています。

八重に触れる人たちにパワーと元気を送り届ける強力な使徒《つかい》として、彼女は雄々《おお》しく蘇《よみが》えろうとしています。ここ安中でも、「元気の使徒」の魅力は、これから「平和の使徒」と並んで、全開するのじゃないでしょうか。

（日本キリスト教団安中教会日曜礼拝、群馬県安中市、二〇一三年一月二〇日）

嗚呼《ああ》、ツラキ事哉《かな》。諸兄〔学生たち〕ニ面会モ出来ヌナラバ、寧《むし》ロ天国ニ行キタシ。

医者よりも学生

八重が新島襄の死去直後に記録としてまとめた「亡愛夫襄発病ノ覚《おぼえ》」に出る新島の言葉（『同志社談叢』一〇、八一頁、同志社社史資料室、一九九〇年三月）。

八重によると、学生たちとの接触や面談を同僚の医師（おそらく医療宣教師のJ・C・ベリー）から禁止された際、新島が八重に漏らした言葉である。続けて、こうも言ったという。「医士ハ余リ八釜《やかまし》敷過ギル」と。

新島は、医師の忠告や八重の監視を無視して、なんとか学生に会おうとした。会って話をしないと、胸が張り裂ける、と感じたからである。とりわけ、晩年の教会（教派）合同運動への対応をめぐって、新島には自分の見解を心底から理解してほしい学生たちをこっそりと自宅に呼び寄せた。

「八重の桜」と共に咲く
――民権闘士から牧師になった兼子重光――

会津の同時代人

兼子重光《かねこしげみつ》は、新島八重と同じく会津出身です。八重は会津若松、兼子はその北方の喜多方《きたかた》の出身です。八重は会津戦争後、しばらく会津若松から郊外へ避難します。一説には、塩川の農家を頼ったといいます。塩川とあれば喜多方です。

場所だけでなく、生きた時代も、ふたりは共有します。兼子の生涯（一八五八年～一九四〇年）は、八重のそれ（一八四五年～一九三二年）とほぼ重なります。要するに、同郷人で同時代人です。

全国的にはほぼ無名、という点でも共通しています。十四年前に私がまとめた兼子の小伝（拙著『京都のキリスト教』二五九～二六九頁の「兼子常五郎」、日本キリスト教団同志社教会、一九九八年。以下、「兼子」として引用）が、未だにもっとも詳しい、という程度です。それでも蘆花の『黒い眼と茶色の目』には「兄の家塾を来訪したこともある」可児《かに》さんとして顔を出します。

八重の方は、いよいよ今月から大河ドラマに登場するようになりましたから、これからは、差がつくはずです。私としては、兼子も大河に顔を出してくれるとうれしいのですが――

そんな期待をこめて、八重周辺の会津人として紹介します。

会津から京都へ

兼子は会津の勝常《しょうじょう》村（現湯川村）に生まれ、栃木の師範学校で学びます。卒業後、郷里に帰り、小学校教員となります。折しも、三島通庸《みちつね》県令（知事）が圧政を展開しましたので、県民の憤激が沸き起こり、その結果、兼子も自由民権運動に従事して、暴政に激しく抵抗し始めました。

運動中、いわゆる「福島事件」（一八八二年）に連座して起訴されたり、拘引されたりしました。釈放後も官吏侮辱罪で追い打ちを掛けられました。そこで身の危険を感じて、県外へ逃亡します。一時は鹿児島まで落ち延びました。最終的には、一八八五年九月に、京都に落ち着きます。同志社開校の七年後のことです。

会津から京都に転じた点では八重と軌跡が共通します。さらに山本覚馬が絡んでいる点も、同じです。ただし、八重には会津戦争が、兼子にはそれに続く民権運動が、それぞれの人生の修羅場となり、転機となったという違いは、あります。

同志社へ入学

兼子の新局面を開いたのは、同志社です。逃亡中に京都に来て、八重の夫（新島襄）と兄（山本覚馬）が発起した同志社に入学します。二十八歳の社会人入学です。「杉山重義の示唆によって、会津の山本覚馬に拾われ」と言われたりもしますが（内海健寿《けんじゅ》『会津のキリスト教』一二五頁、キリスト新聞社、一九八九年）、同志社社員（理事）であった覚馬の判断と勧めが決定的です。身の危険を避けるために逃げ込んだのが、同志社なんですから。

同じ会津出身の教育者、井深《いぶか》梶之助（明治学院総理）は、ある時、京都の山本宅で、覚馬から持論を聴いています。「とくに日本の徳育は、将来どうしてもキリスト教倫理を基礎とせねばならぬ」と（『京都のキリスト教』一九六頁）。覚馬のキリスト教観は、出色です。

覚馬の後押し

覚馬が新島襄を支援して同志社を共に立ち上げたのも、精神教育（徳育）を重視する新島のキリスト教主義教育に共鳴したからにほかなりません。兼子に対しても、覚馬は諄々と説きました。同志社に入り、「識を博《ひろ》く、人格を練るべし」と。兼子は「同志社は基督教《キリストきょう》の学校なるを以て、堅く入らず」と最初は固辞、抵抗しました。が、選択肢はほかにはないのも同然でした。兼子は、「余儀なき場合にて、止《やむ》を得ず入校せしめらる」（『兼子』二六一頁）。覚馬に匿《かくま》われたわけですね。

闘士から信徒へ

こうして兼子は（創立十年目を迎えた）同志社に、一八八五年に入学します。入学直後の彼は、級友の目には異様に見えました。なにしろ、侠客《きょうきゃく》、「会津小鉄の子分」にして、「自由党の壮士」ですから。元旦には、朝早くから潔斎《けっさい》し、寮の自室で端坐して自由党の宣言書を朗々と読み上げる「気骨稜々の熱血児」でした（『兼子』二五九頁）。

兼子にしてみれば、余儀《しかた》なく入学させられた学校だけに、「大嫌なる基督教」に辟易《へきえき》したのも、無理ありません。しかし、同志社の校風は、徐々に兼子を変えました。同志社の精神教育を受けて、人生の目標を大転換させるに至ります。その契機は、新島校長の熱烈な祈りです。「実に予の肺肝を感動せしめ、全く思想、感情をも一変するに至れり」と告白している通りです（「兼子」二五九頁）。

兼子は、新島襄（校長兼牧師）の感化を受けて、入学の翌年（一八八六年三月十四日）に同志社教会（当時は寺町の京都第二公会時代の会堂）で、新島牧師から洗礼を受けました。

神学校へ進む

それにしても、なにしろ晩学です。不得手な英語などの学習は、非常な労苦を伴いました。任意科目として英語の授業をとったつもりが、合否試験が課せられることを知った兼子は、友人二名と学校当局に抗議する、という一幕もありました（*Doshisha Faculty Records 1879~1895*, pp.247~248, 同志社社史資料室、二〇〇四年）。

それればかりか、その後、神学校別課（日本語による神学コース）へと進み、新島と同じような牧師への道を歩み出します。神学校卒業は一八九一年六月で、その時にはすでに新島は他界しています。二代目同志社社長であり、同志社神学校長の小崎弘道名で出された彼の卒業証書が、現在も会津に残っています（岩澤信千代《のぶちよ》『不一――新島八重の遺したもの』一五〇頁、アイミライ、二〇一二年）。

同志社時代の兼子は、勉学の面では、苦労が絶えなかったものの、それ以外では、彼の活動は周囲から大いに期待されました。その典型が伝道活動です。一八八六年から学園教会となった同志社教会の役員として、柏木義円《ぎえん》や津下《つげ》紋太郎などの神学生と共に、伝道師並みの働きをしています。

とりわけ、柏木とは、年齢も近く（兼子が二歳上）、類似点が多い。まず、出身が北日本であることや、師範学校出身の元小学校教員、さらに中年になってからの入学（今風に言えば、社会人入学）や入信時期の遅さ、信仰の強さといった点でも、ふたりは双璧でした。

同志社を卒業して

卒業後は、もっぱら地方伝道に専念します。彦根教会（滋賀県）、落合教会（岡山県）、そして会津若松教会（福島県）です。会津に赴任してから二年後に、名前を常五郎から重光に改名しました。その理由は定かじゃありませんが、察するに牧師としての自覚からでしょうか。

会津での牧師在任は、三十四年にも及びます。引退後、教会は「名誉牧師」の称号を兼子に贈って、その功を称えました。自由民権家から政治家の道を進んでもおかしくなかった兼子ですが、最終的には、生涯の大半をキリスト教伝道のために捧げたことになります。「田舎牧師」として経済的に報われることがない中で、「敢《あ》えて風雪を侵《おか》して」開花する寒梅にも似た清冽《せいれつ》な生涯でした。

この点は、在学中と同様に卒業後も、兼子と柏木は、並び称せられます。社会に出てから、ふたりはかたや会津若松、かたや安中《あんなか》という地方都市で、他に移ることなく、三十年以上にわたって、黙々と伝道に終始した点でも、軌跡を同じくします。

会津人学生の後見人

以上の経歴から推測できるように、兼子は年配学生として、同郷の後輩たちの後見役と見なされました。とりわけ当時は、山本覚馬や八重の繋がりから、二けたの数の生徒や学生（男女）が会津から入学して来ました。覚馬自身も、何人かの学生を自宅に引きとった、といいます。こうした会津グループの束ね役として期待された会津人学生が、望月興三郎と兼子でした。

たとえば、会津グループのひとり、鈴木彦馬（喜多方出身）という学生は、八重から特に可愛がられました。長期に家を空ける場合、八重は留守番のバイトを鈴木に頼みます。鈴木が後に妻とする女性は、同志社女学校に学んだ吉岡安栄《やすえ》です。彼女は、八重の姉（窪田浦）の孫娘ですから、鈴木は八重の遠縁に納まることになります（鈴木について詳しくは、拙稿「新出資料の紹介」、『同志社談叢』三三、二〇一三年三月を参照）。

今泉真幸《まさき》（一八七一年～一九六六年）も、在学中、兼子の影響を強く受けた会津人学生です。同志社神学校を出た後は、ジャーナリスト、教員、牧師などを経て、同志社系教団（日本組合基督《キリスト》教会）の全国的な指導者、ならびに日本聖書協会理事長などを歴任します。

若殿の入学

会津の学生の中で特異なのは、何と言っても、「若殿」です。旧会津藩主・松平容保《かたもり》の長男、容大《かたはる》です。一八八八年末に東京の攻玉社から転校してきました。彼が入学するに及んで、後見人としての兼子の働きは、急激に高まります。

兼子によると、容大は東京で「諸処の学校」に入るものの、ひとつも続かず、「最後の一策」として、同志社の徳育に期待をかけたといいます。元《もと》家老の山川浩（若き日は大蔵。大河ドラマでは、八重が初恋の人？）から新島に宛てた依頼状にも、その旨の期待が表明されています。

後にその手紙を読んだ井深梶之助によれば、「旧藩主は、未だ若年の事である故に、宗教上の教養に就いては、特に〔新島〕先生のご薫陶を仰ぐ」といった文言があったといいます（「兼子」二六二頁）。

容大は、青年とは言え、幼児の折には、斗南藩《となみはん》（現青森県）の藩主を名目的にですが、務めております。会津戦争で藩主・容保のために生命を捧げて戦った八重にしてみれば、若様の入学は光栄な出来事です。まさか自分が、校長夫人として若様を同志社に迎える日が来るとは、夢にも思わなかったでしょうね。

容大の退学騒動

容大には、いろいろと問題がありました。子どもの頃の志望は、軍人でした（益田晴夫『会津こぼれ草』二二頁、小林印刷所、一九五二年）。攻玉社に入ったのも、将来は海軍大将を夢見たからでしょうね。

そうした彼が入学した同志社は、軍事方面には人材をほとんど出しておりません。それだけに、最初から居心地は決してよくなかったように思われます。周辺には、南北戦争に従軍したことのある外国人教員、J・D・デイヴィスやら、会津戦争に拘わった八重などがいましたから、気脈の通った交流が見られてもよさそうなものです。

問題は、まず勉学面に表われます。入学直後（二月十六日）、教員会議で彼の学力（成績）が問題視されています（*Doshisha Faculty Records*, p.157）。結局、普通科二年に入れられたようです。

その後、すぐにひと悶着が降って沸きます。彼の入洛は、冬休み中のことで、一月の始業（入学）まで学内の寄宿舎に仮住いしました。この間に不祥事が起きます。正月に大阪に出かけた際に、色街で遊んでしまったことが、二月になってから、明るみに出たのです。

ピューリタン的規律が厳格な学園だけに、これは誰が見ても即刻退学に値する行為です。たとえ、正規の入学以前の行為であっても、入学を取り消す、という異例の処分が予想されました。

退学助命運動

放っておけなくて、兼子は容大の指導に及びます。新島校長に「自首」させる一方、自ら助命運動を展開します。学友から署名を集めて、当局に命乞いをしようというのです。兼子が在籍する別課神学の全学生、三十三名が署名を連ねています。これには、驚きます。それだけ、兼子の信望が厚かったことが、窺えます。嘆願書は、望月と兼子の名前で、二月二十九日に新島校長に出されました。

「私共、同人監督の委託を受け居《お》る者」として、「哀願」する。いまだ一度も同志社の教育や指導を受けていない時点での過ちだけに、赦していただきたい、それ以降の素行も決して悪くはない、もとより、「監督者たる私共の不行届の罪」でもあるので、自分たちも「何分の御処置」を受ける覚悟である、いかなる「長期の謹慎」でも構わない、しかし、「逐校」だけは避けていただけないだろうか、という内容です（本書一四二頁参照）。

兼子の指導力は、容大にも圧倒的なようでした。「多感な容大は、長ずるに及んで、ようやく性、奔放不羈《ふき》となった。乃《すなわち》、父、容保はこれを心配し、旧藩主の主だった者とも相談し、補育役に河沼郡勝常村出身の兼子重光を起用した。兼子は、新島襄の同志社に入学して牧師となった人で、武士の気骨と人世の機微とを知っているだけに、容大補育役には最適だったし、この人の云うことは、よく聞いたそうである」と伝えられています（『会津こぼれ草』二二三頁）。

覚馬も動く

容大の退学騒動では、覚馬も動かざるをえませんでした。大物すぎる人物の介入に、学校当局も対応に苦慮したでしょうね。が、そこは同志社です。特別扱いはせずに、三月一日に早々と退学処分を下しました（*Doshisha Faculty Records*, p.158）。

問題は新島校長の動向です。同僚と覚馬（ならびに八重）の間で、さぞかし板挟みの苦悩を味わったことと思われます。ですが、我意を無理やり通すタイプの指導者じゃありませんから、たとえ、決議に反対であっても、最終的には「皆さまのよろしいように」と同意したんじゃないでしょうか。

しかるに、その後も容大や彼の周辺は、復学を希望し続けます。四月二十六日の教員会議で、「再入学の件は、秋まで持ち越す」との決議が出ております（ibid.,p.164）。「再入学の持ち越し」とは、期待を抱かせるような決議ですね。特例として、退学処分はひとまずお預けとなった、のでしょうか。

容大の再入学は不可

しかし、実際は違います。次のようなれっきとした入学不許可の通知が文書で、覚馬に伝えられていますから。

「松平容大殿再度入校之儀、教授議会ニ提出候処、目下許可シ難シトノ決議ニ候間、此《この》段御通知申上候也　委員　ラルネツト、森田久万人　山本覚馬様」（①二九九）。

この文書は、覚馬が前面に出て、問題を解決しようとした消息を明白に物語っています。覚馬はおそらく文書で正式に要請したのでしょう。しかし、あの覚馬の力をもってしても、事は好転しませんでした。それだけに、新島としては、校長としての指導性と力量にジレンマを覚えたかもしれませんね。

容大が再入学

容大再入学の件は、秋学期（当時は、新学期です）を迎える九月十三日には、教員会議で再審議されました。その結果、正式に再入学が認められました。兼子や覚馬などが繰り広げた助命運動が、功を奏した感があります。ただし、仮の決定らしく、十月に及んで、「来週末までに全科目に無条件合格すれば、との条件で、二年編入を認める」と再決議されています（*Doshisha Faculty Records*, p.164）。

命拾いした容大ですが、若殿の京都生活は、その後も長くは続きませんでした。翌年（一八八九年）二月七日に至って、父親（旧藩主の松平容保です）自身が、「徴兵令之《の》次第切迫」につき、「学習院江《へ》入塾之事ニ相成《あいなり》」という転校希望を新島に申し入れてきました（⑨下、六九六）。

後年のことですが、容大が最初に同志社に入学する際に、山川浩が新島に送った手紙は、新島の死後、八重が井深梶之助に贈呈しています。井深は、自分が所蔵するよりも、とそれを松平家（山川健次郎）に譲ります。

私は去年の九月に会津で、現在のご当主（松平家十四代の松平保久《もりひさ》氏）にお会いした際、手紙の件を尋ねてみました。所在不明とのことでした。

会津の小鉄

さて、兼子の同志社時代で、今ひとつ注目すべきことがあります。京都有数の侠客、「会津小鉄」との繋がりです。詳細は、拙著『京都のキリスト教』（二六四〜二六九頁）で紹介しました。ほんとに兼子はヤクザの子分か、そこが気になっていましたから。

小鉄の大親分は、大垣屋清八です。大河ドラマ「八重の桜」では、同志社高校時代の私の級友、松方（目黒）弘樹氏が演じます。時代劇やヤクザ映画がよく似合う、と言えば、目黒クンに叱られそうですが。

この大垣屋の養子が大沢善助です。彼は大沢商会（現大沢商会グループ）の創業者となり、善助、徳太郎、義夫の三代にわたってクリスチャン実業家・同志社社員（いまの理事）として、新島や初期同志社を経済的に支援されました。

会津の小鉄も、会津藩の預かりであったために、覚馬との接点が生まれています。兼子もまた、覚馬の門弟とも言うべき位置におりましたから、自然に小鉄に接触します。その結果、兼子は小鉄の仕事を手伝うようになります。具体的に言えば、小鉄が北白川の邸内に設置した小鉄小学校（会鉄学校）の教師として働きます。こうして小鉄の邸宅に出入りするうちに、兼子はいつしか世間からは「小鉄の子分」と見なされるようになったのでしょうね。

結婚と養子縁組

次に兼子の妻です。彼は二度、結婚しています。妻はふたりとも、会津人ではありません。先妻は新井キク子と言い、群馬県人です。フェリス女学校の卒業生で（『基督《キリスト》教新聞』一八九七年二月五日）、在学中に横浜海岸教会で洗礼を受けました。

結婚式は一八九五年四月、東京の番町《ばんちょう》教会で行なわれました。ですが、結婚生活は一年半足らずでした。病死した妻の葬儀は、東京の本郷教会（現弓町《ゆみちょう》本郷教会）で行なわれました。

二度目の妻、茂木健子は、大阪出身です。結婚式は、一九〇〇年十一月に、大阪にある（同志社系教団の全国的な伝道組織である）日本基督伝道会社内で行なわれました。

その五年後（一九〇五年）、理由は不明ですが、夫妻は地元（会津若松）神指《こうざし》の鈴木家から義一《よしかず》（一九〇三年～一九三九年）を養子にとっています（本書口絵⑧）。翌月、兼子は義一にただちに幼児洗礼を授けています。義一は、会津中学校から同志社中学校に転校した後、早稲田の高等学院から早大政治経済学部に進みます。大学在学中はラグビー部で活躍しました。

養子・義一の戦死

それにしても、東京の私学に通う義一の学資を調達することは、地方牧師の家計では至難でした。兼子自身、慨嘆するように、「貧困に貧困を重ね、多年の学資金故、容易の事柄に無之《これなく》、甚だ困難を極め申候《もうしそうろう》」でした。見かねた先輩牧師の長田《おさだ》時行が支援を申し出ます（長田時行宛て兼子重光書簡、一九二六年六月七日付、同志社大学人文科学研究所蔵）。援助は、義一の大学卒業まで継続されたようです（同前、同年七月三〇日付）。

義一は早稲田卒業と同時に、幹部候補生として麻布第三連隊に入営。これから、という時に、第二次大戦に出陣して戦死してしまいます。兼子は、葬儀の三か月後、小冊子、『故陸軍歩兵准慰兼子義一』（私家版、一九四〇年）を自費出版して、その死を悼んでいます。よほど、無念だったんでしょうね。

会津伝道の成果

一方、牧師としての兼子の働きは、どうか。彼の伝道方針は、「雪霜の会わずば、麦実らず」という彼の愛唱句によく表われています（『会津若松教会　百年の歩み』九一頁、日本キリスト教団同教会、二〇〇一年）。かつての民権闘士当時の信念をベースにしているとも思われますが、どこか新島の「敢《あ》えて風雪を侵《おか》して開く」寒梅の開花姿勢と重なるものがあるような気が、私にはします。

兼子は、教会の会員（信徒）に対して、信徒自身ならびにクリスチャン・ホームが守るべき具体的な指針として、七か条からなる「家庭教訓」（一八九三年）を発表しています。一九〇七年一月には、教会自給独立の宣言式を挙行して、ミッションからの経済的自立を図ることを表明しました。

こうした兼子の働きは、ハード面でも目につきます。馬場口への会堂と牧師館の移転、改築、新築です。一九〇二年、八百余坪を千円で買収しました。ここから始まる馬場口時代（一九一五年までの十数年）が、「若松教会の全盛時代」と言われています（『日本組合若松基督教会略史』二八頁、同教会、一九四〇年）。

他方、教会外の活動を見ますと、早くも一八九三年に、若松書籍館を設置しています（同前、一五頁）。この地方で最初の図書館なんです。

青年伝道者の育成

兼子は、後進の育成にも優れた力を発揮しました。彼の宗教的感化と指導により、若松教会からは伝道師志望の青年が、次々と巣立って行きました。まずはひとり目の二瓶《にへい》要蔵（一八八四年〜一九八八年）です。

会津若松に生まれ、一九〇一年に会津若松教会で兼子牧師から洗礼を受け、同志社神学校に進みます。英米留学を挟《はさ》んで、伝道師、牧師として松山、京都（洛北）、巣鴨、伊勢原などで伝道に従事しました。

二人目は、遠藤作衛《さくえ》（一八八九年〜一九五三年）で、会津の門田《もんでん》町出身です。会津中学校在学中に、会津若松教会で洗礼を受けました。ついで同志社神学校に進み、在学中から開拓伝道に意欲的に取り組んでおります。卒業後は、牧師として世に立ちました。亡くなった遠藤彰《あきら》教授（同志社大学神学部）は、彼の子息です。

三人目は、小林美登利《みどり》（一八九一年〜一九六一年）という青年です。会津高田に生まれ、一九〇五年、同志社中学校に入学しました。在学中に洗礼を受けて、信徒となります。同志社大学神学部を終えると、アメリカへ留学をし、ついでブラジルに渡りました。かの地では、聖洲義塾という学校を立ち上げ、日系移民のために貢献しました。

海老名夫妻の働き

兼子の周辺には、伝道師に匹敵する人材として、ほかにも海老名季昌《すえまさ》・リン夫妻がいます。誤解されやすいのですが、この海老名夫妻はいずれも、「熊本バンド」の海老名弾正《だんじょう》（柳川の出身）とは、血縁関係はありません。

季昌は、会津藩家老の家に生まれました。若い頃、徳川慶喜の弟、徳川昭武《あきたけ》がパリ万国博へ出張した際、同行して海外見聞を広めています。大河ドラマで言えば、かつての「獅子の時代」（一九八〇年）で菅原文太が演じた役（平沼銑次《せんじ》）は、海老名季昌がモデルと言われています。

戊辰戦争後は、若松町長に就任します。後半生は、夫妻して熱心な信徒として、地元への社会的貢献や公的活動にも力を尽くしました。

海老名が信徒になったのは、妻（リン）の働きと祈りが大きく物をいいました。一時は、離婚騒動の要因になったほど、海老名はキリスト教嫌いを通していました。

海老名リンの感化

ところが、一九〇三年、ついに海老名は会津若松教会で兼子から洗礼を受けます。かつての自由民権運動では、海老名は三島県令の側近として、兼子らの民権家を取り締まる立場にありました。今回ふたりは信仰を絆にして結び合わされ、和解がようやく成立したことになります。奇しきことです。

一方のリンは、一八八八年に東京の霊南坂教会（同志社系）において三十九歳で綱島佳吉《かきち》（同志社神学校卒）から洗礼を受けていました。東京では、日本基督《キリスト》教婦人矯風会《きょうふうかい》東京支部の副支部長を務めるなど、社会活動にも意欲的でした。

彼女は、夫の帰省に伴い、若松に戻り、会津若松教会に転会します。この教会で彼女は、直後に赴任してきた兼子の指導を受ける一方で、教会役員として兼子の強力な助っ人《すけと》となります。社会的にはリンは、若松で最初の幼稚園と女学校を設立するなど、キリスト教教育者として、旺盛な活躍をいたしました。一八九三年、地元の女性有志たちと若松婦人会を立ち上げ、副会頭に就任します（『基督教新聞』一八九三年三月三日）。さらに一九〇〇年には、兼子に協力して会津矯風会を設立しました。

会津女学校

ところで、海老名リンが会津で創設した女学校というのは、私立若松女学校です。一八九三年に幼稚園の片隅にひっそりと開校したささやかな塾のような学校でした。リン自身は一八八八年頃から開校準備を重ねてきましたが、機が熟さないため、同志社女学校出身の三輪永子《えいこ》（越後与板出身）を一八九〇年に呼んで、下準備として、ひとまず文学会を設置します（『不二』一六一〜一六二頁）。

ちなみに永子の結婚相手は、麻生正蔵《あそう》（日本女子大学校二代目校長。同志社卒の信徒）です。彼女が同志社系の新潟女学校に勤務していた時に出会った北越学館教師です。

リンが開校した女学校は、今は共学となり、県立葵《あおい》高等学校と名を変えています。同校が新島八重の書を四点、所蔵するのも、奇縁です。八重の書と言えば、兼子の養子（義一）につながる杉原家（会津若松教会会員）にも、「日々是《これ》好日」という書が残されています。また、兼子の甥に宛てた八重の書簡が、書と共に、会津の岩澤家に保存されています（『不二』一五七頁、二〇一頁）。会津に残る八重の書は、少数とは言え、いずれも兼子がらみであるのが、特徴です。

八重の会津訪問

兼子は、八重とは終生、繋がりがありました。八重も兼子の牧師在職中に会津を訪ねています。たとえば、一九二一年には山形市に住む養女（初）の家族（広津友信一家）の所へ行った帰り、わざわざ道を枉《ま》げて、会津に廻っています。帰省が直接の動機ではあるが、兼子に面会することも、いまひとつの目的ではなかったでしょうか。

そのことは、彼女が会津からさらに安中《あんなか》（群馬県）にまで足を伸ばしていることにも窺えます。同地では柏木義円《ぎえん》が一行を出迎えました。思うに、襄の故郷、安中には、襄が「あなたにコンフィデンスを置く」と全面的な信頼を寄せて、同志社から送り出した教え子の柏木義円が、襄の遺志を継いで伝道に尽力中です。

八重にすれば、自分の故郷、会津若松には、これまた襄の教え子であり、兄（覚馬）の門弟とも言うべき同郷人の兼子が、腰を据えて、会津伝道に生命をかけています。安中といい、会津といい、長年にわたる柏木、兼子両氏の獅子奮迅振りの働きは、八重にはさぞかし、頼もしく見えたことでしょうね。

（朝日カルチャー教室、梅田・新サンケイビル、二〇一三年一月一七日）

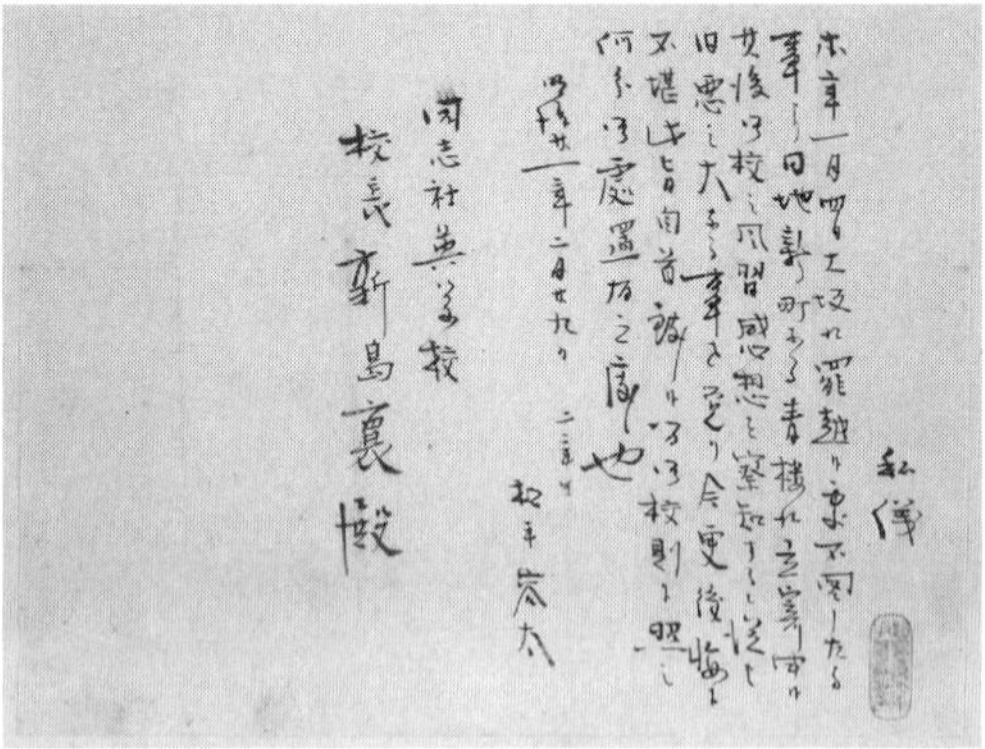

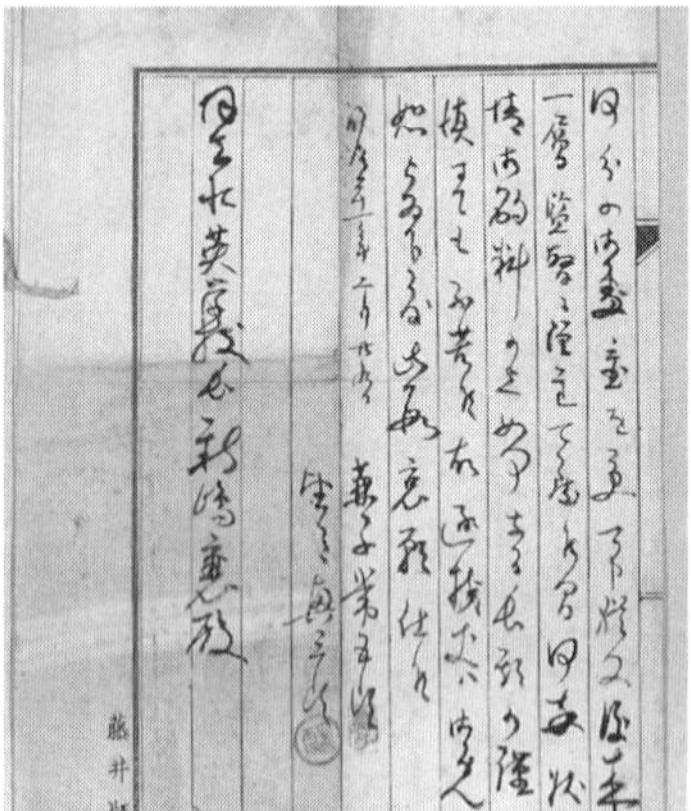

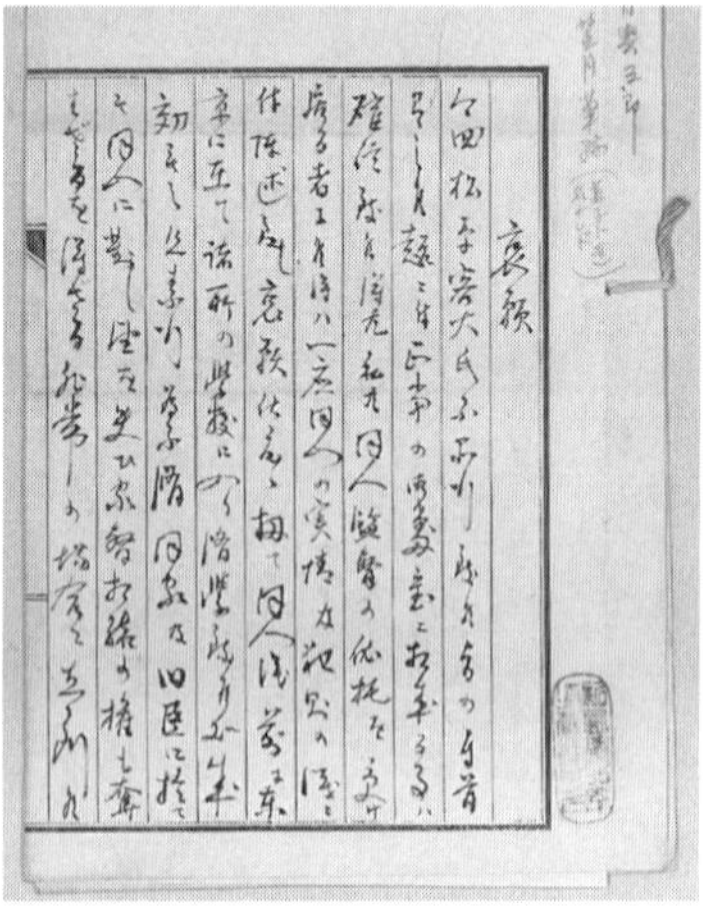

松平容大退学処分に対する助命運動

松平容大《かたはる》は、会津藩元藩主（松平容保）の長男で、旧斗南藩主。東京の諸学校を渡り歩いた末、新島や山本覚馬を頼って、同志社に入学した。しかし、すぐに退学騒動が起き上がった。1888年2月29日付で、新島校長宛てに校則違反の自首届（上）が出された。会津出身の上級生（兼子常五郎と望月興三郎）も、別課神学生（33人）全員に署名を呼びかけて退学助命嘆願書（下）を作成し、同日、合わせて当局に提出した（詳細は本書129頁以下を参照）。

八重の家族（一）
――両親と兄弟姉妹――

基礎データのあいまいさ

八重は、謎だらけです。大河ドラマ「八重の桜」で有名になりましたが、いまだに基礎的なデータでさえ不備です。まだまだ分からないことが、いくつもあります。

今日までにすでに三回の放送が済んでいます。八重の家族で、主だった人はすでに顔を出しております。しかし、気になるのは、出るべき人なのに、一向に顔を見せない人たちがいる、ということです。その好例が、八重の家族、なかでも兄弟・姉妹です。

全員で六人（男三人、女三人）であったことは、確かです。が、そのうち名前が分かっているのは、半数だけです。男ふたり（兄の覚馬と弟の三郎）、それに女性では八重ひとりです。出演もこの三人だけです。いったい、これはどういうことでしょうね。

三人の名前が不詳なのは、いずれも早死にしたから、と思われてきました。二男の夭逝《ようせい》は、確からしいです。ただ、八重より歳が上なのか、下なのか、それさえも分かりません。おそらく上、すなわち二番目の兄になるでしょうね。

ふたりの姉妹については、それ以上に不明です。八重自身がほとんど語っていないために、今まで彼女たちのことは、まるでカゲロウか蜃気楼みたいなものでした。

それに、最近は「伯母」が記録の中に出てきました。京都にも来ています。いったいどうなってるんでしょうね。こんな曖昧《あいまい》なことが、いつまでも続いて、いいんでしょうか。

山本家の長女

一番上の姉については、存在そのものは、これまでおぼろげながらですが、一部では知られていました。しかし、せいぜい「窪田某」といった程度の認識でした。最近になって、ようやく下の名前が確定できました。

で、とりあえず、「号外」として最新の拙著（『八重さん、お乗りになりますか』二一九頁、二二九頁）で速報しておきました。名前は「浦」といい、たしかに窪田家（夫は窪田仲八でした）に嫁いでいました。

さらに、長男の覚馬が第一子と思われていましたが、実は覚馬は浦の弟でした。「覚馬より多分、一つ二つ下の長女」（吉村康《やすし》『歴史物語　新島八重の生涯』六頁、歴史春秋出版、二〇一二年）というよりも、「覚馬より多分、一つ二つ上の長女」と見るべきでしょうね。

夫の仲八は、「旧斗南《となみ》藩人名録」（一八八一年）に「米田村　東京府寄留　窪田仲八」と記載されていますから、斗南（米田村）に渡ってから、東京に転じています（星亮一『会津藩　斗南へ――誇り高き魂の軌跡』新装版、二九六頁、三修社、二〇〇九年）。家族もいっしょだったかもしれません。

窪田浦・仲八夫妻の子どもたち

浦が晩年まで、ふたりの子どもたちといっしょに京都で暮らしたことも、判明しました。娘は「以佐」、息子は「清」でしょう（『八重さん、お乗りになりますか』二二九頁、二三九頁）。

伊佐は女紅場《にょこうば》（京都府立の女学校）の学生でした。一八七六年二月の学校記録では、「覚馬厄介　山本いさ　二十二歳三か月」とありますから、山本家に同居しているか、経済的に「厄介」になっていたんでしょうね。年齢から逆算すると、生まれたのは一八五四年ころです（日比恵子《えみこ》「八重と教育」八三頁、同志社同窓会編『新島八重　ハンサムな女傑の生涯』、淡交社、二〇一二年）。

伊佐は、八重のおよそ九歳下です。伊佐の子、つまり浦の孫に安栄《やすえ》という娘がいて、同志社を出た鈴木彦馬と結婚します。鈴木は会津出身で、在学中から八重にとても可愛がられていました（『八重さん、お乗りになりますか』二二九～二三〇頁）。

ついでに言えば、山本家の「親戚」にあたる窪田義衛という学生が、同家にたえず出入りしていたのを同志社初期の学生が目撃しています（本間重慶「創立当初の事情、問合わせ先其《そ》の他に就て」、『同志社校友同窓会報』一九二六年一一月一五日）。義衛は初期の同志社に学んだ学生で、窪田浦の縁者と考えられます（『八重さん、お乗りになりますか』二二三～二二五頁）。

窪田浦

窪田浦（旧姓は山本浦）の出現で、山本家にはふたりの「うら」がいることになりました。もうひとりの「うら」とは、覚馬の嫁の「宇良」（旧姓は樋口宇良）です。困ったことになりました。「うら」は混乱のもとですから。ただし、大河ドラマに出て来る「うら」（宇良）は、ただ一人です。長谷川京子さんが演じているだけですから、間違うことはありません。

たった一回だけですが、八重は「姉うら」について触れています。会津戦争中、西軍の総攻撃を目前にした際に、「母さく子と姉うら」は、女性は足手《あしで》まといになるから、という理由で籠城せずに、城外への避難を主張した、と八重は回想しています（平石辧蔵『会津戊辰戦争』増補版、四八四頁、丸八商店、一九二八年）。

八重がここで言及する「姉うら」は、はたしてどちらの「うら」か。実姉の浦か、義姉の宇良か――判断に迷います。わたしは、この姉をためらうことなく義姉と受け取って、「兄嫁」との注解を前につけました（拙著『日本の元気印・新島八重』九一頁）。

しかし、今にして思えば、一瞬でもいいから実姉、すなわち浦の可能性も想定すべきでした。現実には、戦争勃発当時、彼女はすでに窪田家へ嫁いでいますから、山本家の一員じゃありません。つまり、籠城に賛成する八重に対して、佐久とともに反対、説得する場面にはいなかったはずです。だから、結果的に「姉うら」は窪田浦ではなくて、山本宇良が「正解」です。

ふたりの「うら」

ふたりの「うら」は年齢で言えば、もちろん浦のほうが（宇良よりも）ずっと上です。なぜなら、鈴木家（鈴木彦馬）の系図によると、浦は覚馬より歳が上だからです。

八重と覚馬は十七歳離れていますから、八重と浦とは二十歳くらいの年齢差がありそうです。

この浦は、八重よりも早く、京都に転じていたようです。京都では、八重が女紅場教員を解雇されたずっと後のことですが、同校で生徒指導に当たっています。女紅場の「旧職員名簿」（一八七五年四月～一八八五年八月二十九日）には、「授業補」として「窪田うら」の名前が出ています（『創立六十周年記念誌』九七頁、春錦会・鴨沂会《おうき》、一九三二年）。

同校卒業生の回顧にも、「新島八重子女史、山本うら子刀自《とじ》、梅田千代子刀自、同ぬい子刀自（梅田雲浜《うんぴん》先生未亡人と令嬢）は、機織《はたおり》や養蚕の先生でありました」とあります（『鴨沂会雑誌』五〇、二九頁、一九二二年七月）。これまた、弟の覚馬の斡旋でしょうね。

ここに出て来る「山本うら子刀自」に関しては、当然、こういう疑問が出ます。彼女は、「斗南に行く、と言っていた覚馬の妻、山本うらなのか。同姓同名の別人とは思えないから、どういうことなのだろう」（好川之範《よしかわゆきのり》『幕末のジャンヌ・ダルク　新島八重』一九八頁、新人物往来社、二〇一二年）。実は「同姓同名の別人」なんです。

八重と浦に対して、彼女たちの母親（佐久）の名が、スタッフの名簿にないのは、なぜでしょうか。佐久が教員を務める能力は、ふたりの娘以上にあったと思われますから、ちょっと不可解です。

もうひとりの姉妹

上の姉（長女の浦）に比べると、もうひとりの姉妹は、まるで分かりません。生まれてすぐに亡くなった、で済まされてきました。八重の姉か妹かも不明です。つまり、姉妹関係だけをとってみても、なかなかややこしいですね。

それに伝記では、八重は押しなべて三女扱いです。が、戸籍ではなんと「二女」です。どうしたもんでしょう。なぜか、誰も注目していません。で、少し問題にしてみます。

もうひとりの姉妹に関する記録と言えば、今のところ、大龍寺《だいりゅうじ》（会津若松にある山本家菩提寺《ぼだいじ》）に伝わる過去帳が、唯一の資料です。嘉永《かえい》元年（一八四八年）八月十八日に「繁之助娘」が亡くなり、法名を「妙幻童女」とした、とあるのがそれです（若月健悟「会津に残る山本覚馬ゆかりの遺跡」三〇〜四〇頁、『新島研究』六四、一九八三年）。

繁之介と権八が同一人物（後述します）であることを知らないと、見逃《スルー》しかねない記事です。一八四八年の夏に亡くなった「繁之助娘」とは「権八娘」、すなわち八重の姉妹なんです。ただ、問題は姉なのか妹なのか、です。

八重の妹

これまで通り、八重を三女と見れば、話は簡単です。ですが、戸籍通りに二女である可能性も、無視できません。私は、この検証にこだわっています。なぜか。

ひとつは、「妙幻童女」という字句です。これは通常、七歳から十五歳までに亡くなった女の児につける法名です。だから、亡くなった年（一八四八年）から逆算すると、八重（一八四五年生まれです）の姉、それも三歳から八歳くらい離れた姉になります。

しかし、大龍寺の住職（増子大道師）によると、「妙幻童女」中の「幻」という字は、一歳未満で亡くなった嬰児《えいじ》につける、というのです（同前、四〇頁）。であれば、一八四七年か一八四八年のいずれかの年に誕生して、まもなく死去したことになります。この場合は、八重が姉（二女）になり、亡くなった女児は妹（三女）です。

はたして、どちらが「正解」なんでしょうか。住職説に従えば、八重は戸籍通りに二女になります。私はこちらを取りたいのですが――

八重は二女か三女か

繰り返します。八重は戸籍では「二女」ですが、なぜか通常、三女で決まり、です。もし二女が正解ならば、兄弟姉妹の順列はこうなります。

長女（浦）、長男（覚馬）、二男（夭逝）、二女（八重）、三女（夭逝）、三男（三郎）。

生まれた順番はこうではなかったか、というのが、現時点での私見です。覚馬と八重とは、十七歳も離れていますから、確証はありませんが、二男の方が二女（八重）よりも早く生まれた、と思われます。

とすると、八重は六人兄弟姉妹のうち、上から四番目の子になろうか、と思います。妹は生まれてまもなく亡くなったとすると、八重の下には、三郎しかいません。それだけに彼女は、唯一の弟を可愛がったのでしょうね。

要するに、八重の逞しさと男勝りの性格は、兄の覚馬と弟の三郎の間に挟まって生活するなかで、多分に形成、育成されたはずです。八重が生まれた頃は、すでに長女は結婚をして家を出ていますから。山本家の子どもといえば、実質的には男兄弟のような三人（覚馬、八重、三郎）だけ、といった状態ではなかったでしょうか。

覚馬と三郎

覚馬と三郎については、（夫の川崎尚之助《しょうのすけ》にくらべてみても）とくに目立った新事実は出ておりません。それだけ、姉妹と違って、わずかでも知られていた、ということでしょうか。

ですが、時にはとんでもないミスが横行します。ドラマで三郎を演じる工藤阿須加《あすか》を紹介する記事に、「新島三郎を演じる」と書かれたりします。『朝日新聞』（二〇一三年三月二三日）の「TVフェイス」欄に堂々と出て来るのですから、驚きです。新島八重の弟は、そう、山本三郎以外、おりません。

覚馬については、別のところでまとめて紹介します（本書一八六頁以下）。

大河ドラマのおかげで、世評といいますか、覚馬の評判はうなぎのぼりです。西島秀俊というイケメン俳優が、覚馬役をやっているのも、大きいですね。あのマッチョでムキムキの身体に、女性ファアンが熱を上げてるというじゃないですか。中には、「もっと脱いで」の声も――

それ以上に、覚馬はドラマの作りとして、史実以上に重要な役割を持たされています。佐久間象山、吉田松陰、勝海舟、西郷隆盛、近藤勇といった周知の人物たちと堂々と渡り合っています。史的には無理があり、ちょっとやり過ぎなんですが、それだけにやってることが目立って、カッコイイんです。

ですから、ドラマの覚馬に関しては、むしろ抑制気味に見る必要がありますね。たとえば、ドラマの上では、京都の薩摩藩邸（今の同志社大学今出川キャンパスの一部）は、覚馬に惚れこんだ西郷隆盛が、安値、あるいは無償で彼に譲渡した、という筋書きにもなりかねません。それはフィクションですから、要注意ですね。

三郎の生年

八重が二女か三女か、という問題は、三男（三郎）の生年や彼との年齢差にも連動します。だから、総合的に捉える必要があります。で、次に両者を合わせて、検討してみます。

八重の唯一の弟、三郎は、いつ生まれたのか、定説がありません。普通、漠然《ばくぜん》と八重とは二歳違い、そうでなければ四歳違い、とされたりします。八重や覚馬の本でも、年表では無視されるか、スルーされやすいところです。諸説を分類すると――

(一)二歳説（一八四七年生まれ）――鈴木由紀子『ラストサムライ山本覚馬』（二二四頁、NHK出版、二〇一二年）ほか。

㈡三歳説（一八四八年生まれ）――福本武久『新島八重　おんなの戦い』（一八頁、角川書店、二〇一二年）など。

㈢四歳説（一八四九年生まれ）――桜井裕子『京に咲く同志の桜』（二三四頁、海竜社、二〇一二年）ほか。

見られるように、バラバラです。確実な典拠がないからです。これに対して、NHKは㈡の三歳説を取ります。ただし、疑問符つきです。とりあえず、生年は「一八四八年？」、としています（『歴史ハンドブック　八重の桜』九〇頁、NKH出版、二〇一二年）。さんざん迷ったあげく、やむなく中庸《ちゅうよう》をとった感すらあります。

いずれにせよ、それぞれの典拠は示されていません。不明です。一八六八年に死去した時に、「享年二十一」と伝えられた数字が、今のところ唯一の典拠でしょうか。これをもとに、生年を割り出す、というか、逆算する作業が、主流です。

ただ、その場合、享年がどこまで信頼できるか、をまず問うべきですね。仮に正しいとすれば、一八四九年生～一八六八年没が「享年二十一」に合致します。つまり、四歳違いが、「正解」になります。

八重と三郎との年齢差

私は、以前、八重と三郎の年齢差を二歳としました。三女（八重の妹）は三郎の後に生まれた、とも（『八重さん、お乗りになりますか』二二八頁）。

しかし、「妙幻童女」の存在を無視できなくなってからは、三郎は八重より四歳下で、六人兄弟姉妹の一番下の子、と見なしたくなりました。この場合、三郎は一八四九年に生まれたことになりますから、「妙幻童女」が夭折《ようせつ》した翌年に生まれたことになります。

ややこしくなりましたので、まとめておきます。二女の八重が一八四五年に生まれた後、続いて一八四七、八年ころに三女が生まれます。が、幼くして一八四八年に永眠。その翌年、一八四九年には、三男が誕生——といった具合になり、万事、辻褄《つじつま》なく説明できます。

これが、二歳差なら、問題が発生します。なぜなら、三郎が生まれた年（一八四七年）は、三女が生まれたと推定される年（一八四七、八年）とバッティングします。双子や年子ならいざ知らず、誕生があまりにも近すぎる気がします。

八重は二女か

この矛盾を解消するためには、「妙幻童女」の享年を（夭折ではなくて）七歳から十五歳にまで拡大する必要があります。つまり彼女を二番目の姉（二女）とするならば、矛盾しません。ただし、その場合、自動的に八重は三女にならざるをえません。

八重を二女と考える限り、この見解は成り立ちません。なぜなら、繰り返しになりますが、大龍寺住職の見解では、八重の姉妹である「妙幻童女」は、嬰児で亡くなっています。だから、彼女は三女

（したがって八重は二女）の可能性の方が高そうです。

さらに、佐久が、「二女〔二人の娘のうち〕、長〔長女〕ハ窪田氏ニ嫁シ、次〔二女〕ハ新嶋氏ニ嫁ク」と明言しているのも、無視できません（『八重さん、お乗りになりますか』二二八頁）。それ以上に決定的なのが、戸籍です。くり返します。八重は二女です。

もしも、八重が二女とするならば、彼女が姉や妹と遊んだ時期は、きわめて限定されてきますね。もの心ついたころには、すでに姉は窪田家へ嫁いでおり、妹は幼いまま他界する、といった状況ですから。

もちろん、近所に時尾（貞）やユキといった女の幼友だちはいますが（本書六二頁）、家庭では兄や弟を相手にする、そして家の外や野外では男の子と行動を共にする機会が、家庭環境からしても多かったはずです。ここからも、八重は（自分でも告白するように）必然的に「子供の時から、男子の真似がすき」にならざるをえなかったのでしょうね（『会津戊辰戦争』増補版、四八五頁）。

佐久の略歴

次に母親に移ります。佐久（女優は風吹ジュンさん）についても、情報は限られています。記録としては、略歴が一遍、ある程度です（『同志社女学校期報』六、一～二頁、一八八六年六月）。「新島旧邸」に隣接する洛陽教会で行なわれた葬儀（説教は、小崎弘道牧師）の折に、宇佐美松次郎が朗読したものです。貴重ですから、引いておきます（原文のカタカナは、ひらかなに替えました）。

「山本佐久子は、会津侯の家臣、山本権八の嫡女。文化七〔一八一〇〕年十一月二十二日を以て会津若松郭内、米代《よねだい》四ノ丁の邸に生る。

父権八、男子なきを以て、同藩士、永岡繁之助を養て嗣《し》となし、娶《めと》はすに佐久子を以てす。時に歳十七。繁之助、養父の没するに及びて、其名を襲《つ》きて権八と改む。佐久子、室に在りて三男三女を生む。而《しこう》して次男、次女、共に夭死す。

戊辰革命の変〔会津戦争〕起るや、三男三郎、〔鳥羽〕伏見の役に負傷し、次て江戸芝新銭座に死す。夫権八、亦《また》官軍を会津城下に防きて陳没す。佐久子、一家を携へ乱を避けて、四方に流寓し、具《つぶ》さに苦艱を極む」。

戊辰戦争後の佐久

「是《こ》れより先き、長男覚馬、藩侯〔松平容保《かたもり》〕に随て京師《けいし》に上る。而して今や、其《その》生死を知るに由《よし》なし。佐久子、内にしては良人《おっと》と一男〔三郎〕を失ふの不幸に接し、外にしては、国家〔会津藩〕滅亡の否運《ひうん》に遭ふ。加ふるに、訛伝《かでん》あり。覚馬も亦、京師に於《おい》て害に遭ふと。

佐久子、一身を以て此間《このかん》に処し、毅然己を持すること愈《いよいよ》固し。後、覚馬、京都に在りて生を九死の間に全ふし、尋《つい》て府知事の顧問となり、名声頗る著しきを聞き、家族を携へて京都に移る。時に明治四〔一八七一〕年十月なり」。

京都時代の佐久

略歴の後半は、京都に移転してからの事柄です。

「明治八年、新嶋〔新島〕襄氏の米国より帰朝するや、覚馬と協力して同志社を創設し、且《か》つ基督《キリスト》教の伝道に従事す。此時《このとき》に際し、佐久子も亦、斯《こ》の道を奉するに至り、明治九年十二月三日、元〔京都〕第三教会に於《おい》て、受洗するに至れり。

明治十一年、同志社女学校の創設せらるゝや、佐久子入て生徒を監督し、精励頗る勉め、以て明治十六年に至る。

明治二十六年三月、今上《きんじょう》陛下〔明治天皇〕銀婚式を挙げさせ賜ふや、佐久子長寿の故を以て、金円下賜《かし》の栄に遭ふ。

明治二十九年五月二十日、午後正六時、老病を以て河原町の自宅に永眠す。享年、実に八十七。長男覚馬、母に先《さきだ》つこと、三年にして死し、二女〔二人の娘のうち〕、長〔女〕は、窪田氏に嫁《か》し、次〔女〕は新嶋氏に嫁ぐ。

佐久子、天資堅忍。夫に仕へて貞淑、人に接して懇到《こんとう》。其《その》子女を督励《とくれい》するや厳正。栄枯の境に処する数十年。克己冷静。能《よ》く天命に安《やす》んじて、以《もっ》て一生を全ふするに至る」。

佐久の聡明さ

佐久は世上、賢母と言われています。その根拠は、まずは覚馬の発言です。

「〔覚馬に〕幼少からすでに逸材のひらめきがあったのは、多くはその賢母の訓育と感化によったものである」とか、「〔山本覚馬〕先生は晩年になるまで、自分は母の聡明には及ばない、と語っていた」といった指摘です（青山霞村《かそん》著・田村敬男編『山本覚馬伝』増補改訂版、四二頁、四四頁、京都ライトハウス、一九七六年）といった指摘です。

あの聡明な覚馬が証言しているとすると、無視はできません。ですが、身内の身びいき発言と受け取れないこともありません。だから、これだけでは、なんとも心もとないですね。

もう少し信頼できる第三者情報があります。種痘の意義を早くから認めて、率先してわが子（八重と三郎）に試した、というエピソードです。山本家の隣人（水島弁治）の回想ですから、信ぴょう性はあるでしょうね。その水島が、佐久のことを「賢明なる御方で、当時の婦人中での先覚者とでも申して宜《よろ》しき歟《か》と存じます」と言っています（『会津会々報』八、一九一六年六月）。

ほかにも、佐久は一方で経済観念が厳しく、無駄を戒めた、といいます。屋敷内に家庭菜園よろしく、野菜の栽培を行なうなど、自給自足を図った、といわれています（井上昌威《よしたけ》「資料紹介」一二六頁、『歴史春秋』七五、二〇一三年四月）。

賢母であるならば、娘ふたりと同様に、府立女学校で女子教育を手伝ってもよさそうに、と思われます。が、現実にはしておりません。

同志社女学校での佐久の評判

女紅場の先の「旧職員名簿」には、佐久の名前は出てきません。が、同志社女学校が開校されると、佐久にも出番が回ってきます。数少ない女性信徒であったことが、決め手だったのかもしれません。女学校の校舎（寄宿舎）二階に住み込み、「生徒監督」（舎監）や「賄方《まかないかた》の指図」（食事の監督）を受け持ちました（『創設期の同志社』三四四頁、四一二頁、四二〇頁、同志社社史資料室、一九八六年）。

ただ、キリスト教教育の働きや評判に関しては、評価は二分されています。生徒からは、たいへん慕われましたが、教員、とりわけ外国人（独身女性宣教師です）からは、実に不評なんです。

まず日本側の評価ですが、同志社女学校は「夫人の功労」を特筆しています。

「山本佐久子は、本邦の老婦人にして、入て塾舎を監督せられたる嚆矢《こうし》なり。

本校現時の寄宿舎制度、即ち本邦婦人を舎監に戴《いただ》くことに対しては、同夫人の力、與《あずか》て多きに居ることは、言ふまでもなし。

其《その》篤実に教師、生徒の間に処し、百方尽力至らざる所なかりしことは、当時、夫人に親炙《しんしゃ》せられたる方々の熟知せらゝる所、今又贅《ぜい》せず。他日、同志社女学校歴史編纂《へんさん》の時には、大書して夫人の功労を永遠に伝ふべきなり。本校の存せん限り、幾多《いくた》の女生は、夫人の恩沢《おんたく》に浴せん。

然《しか》るに、今、其訃音《ふいん》に接す。天寿を全ふせられたりとはいへ、いと哀惜の情に堪えず。墓は、若王子《にゃくおうじ》山、新嶋先生の塋域《よういき》にあり」（『同志社女学校期報』六、一二頁）。

葬儀の際の履歴だけに、内容に関しては冷静にトーンダウンさせないと高得点になりがちです。ですが、「寮監（寮母）」、あるいは「寮務教師」としての先達、という評価は揺るぎません。

生徒からの評判

一方、実際に佐久に接した寄宿生たちですが、寮母である佐久を「真の血をわけた御祖母様《おばあさん》の様《よう》に、お祖母さん、お祖母さんと申し上げては遊び戯《たわむ》れ」た、と回想しています。「私共は、お祖母さんと遊ぶ事が一番の楽しみで、暇さへあれば、会津戦争の御話をお祖母さんのお膝の周囲に集まって、聞くのを悦《よろこ》びました」とも言っています（『創設期の同志社』三三三頁、三四四頁）。

佐久も、生徒を実の孫のように可愛がりました。その分、多少、甘やかすところがあったようです。食べ物の好き嫌い（要は偏食です）を容認して、その生徒には別メニューを用意したりしました（『創設期の同志社』四一二頁）。

外国人教員からの苦情

佐久は「好々爺《こうこうや》」ならぬ「好々婆《ば》」です。むしろ生徒を猫可愛がりして、外国人教員から苦情が飛んでくるほどです。食事メニューにしても、佐久の後任の賄方（杉田寿賀《すが》。もちろん信徒です）になると、偏食は本人の「気まま」と決めつけ、一切の特別扱いはしませんでした（『創設期の同志社』四一二頁）。

つまり佐久の場合は、女性宣教師たちとの間で、生徒の躾や生活指導のやり方をめぐって激しい対立が生じます。会津的な家庭教育しか知らない佐久にとっては、伝統的で純粋なキリスト教教育を実践したいと考える外国人教員と一致することは、なかなか困難でした。なにせ、六十を過ぎてからの入信、就職ですから。

以上のことから総合的に判断しますと、「佐久は聡明」という評価にハテナマークがつきかねません。どうしたもんでしょうか。聡明ならば、それなりの対処をしたような気がしてしまいます。

八重の家庭教育

自分の子どもの教育については、どうでしょうか。当時は、「女に学問は要らぬ」という時代でした。習うとしてもせいぜいが、「いろは」か、習字くらいでした（岩澤信千代『不一――新島八重の遺したもの』二四五頁、アイミライ、二〇一二年）。

八重の場合、少女時代に「日新館童子訓《どうじくん》」を習い、序文など完璧に暗記しました。「父から」とか（拙著『日本の元気印・新島八重』七三頁）「母から習ひ、父からも教《おそわ》った」と回顧しています（『八重さん、お乗りになりますか』九三頁）。

八重は学校できちんと学んだ、という学歴はゼロですが、両親や兄から家庭教育でしつけられています。後年の手紙や揮毫にしても、（セミプロ級の新島襄には、もちろん及びませんが）、ソコソコの出来ですから、子どものころの家庭学習やら手習いは、終生、効いています。

八重の手習い

八重の家庭教育の一翼を担ったのが、佐久であることも確かでしょう。八重が晩年に「幼い間の子どものしつけ」、すなわち「家庭教育」を強調するようになるのは、こうした背景があったからこそ、です（『日本の元気印・新島八重』八三頁）。

もちろん、近隣の女性が八重に手ほどきをする場合もあります。有名なのは、高木のおばあちゃん（高木時尾の祖母）です。裁縫の先生でした。近所の幼友だち（日向《ひなた》ユキ）が、「お八重さんも高木へ来て、一緒にお針を習った」と回想しています（『不二』二四四頁）。ユキは、習字と和歌も、八重や時尾などの幼友だちといっしょに、近所の女性について習ったといいます（『歴史春秋』七五号、一三六頁、歴史春秋社、二〇一三年）。

八重の父

次に父です。影が薄いですね。家庭教育以外でも、佐久に比べると、父親（権八）の出番は、限定されます。会津戦争で早くに戦死したことも、一因でしょうか。

先にも見ましたように権八は、もともとは山本家の近在（同じ町内）に住む永岡家に生まれ、名を繁之助といいました。山本家では佐久が独り娘であったために、永岡家から繁之助を婿に迎えます。

これが八重の父です。養父の山本権八の死に伴い、権八と改名しました（『不二』二一三頁）。砲術師範を務めましたから、長男の覚馬には師匠でもありました。

八重にも「日新館童子訓」を教えたようですが、覚馬に対しては、とりわけ砲術を師範しました。それ以外の教育は、佐久が圧倒的な力をふるったようです。覚馬の聡明さは、「母堂の訓育」の結果、と伝えられているくらいです（『山本覚馬伝』四三頁）。

要するに、父親の存在は、子どもへの感化という点では、母親にくらべて薄いと言わざるをえません。救いはテレビでの松重豊さんの好演です。そのおかげで、画面の上では権八は、なかなか存在感があります。問題は、史的にどうか、という点です。

そういえば、以前の東京講座で指摘したように、襄の場合も、父親の存在は陰《かげ》りがちでしたね。襄も八重も、夫妻して母親の感化が大きい、とは不思議なもんです。

（同志社東京講座、同志社東京オフィス、二〇一三年一月二五日）

八重の家族（二）

――親戚とふたりの夫――

比叡山頂の変貌

まさか、比叡山からお呼びがかかるとは――想定外でした。これまでは夏の「お化け屋敷」で有名でした。私の子どものころは、「怖《こわ》いもの」がいる所、でもっぱら通ってました。

それがいまや、「ガーデンミュージアム」です。グロテスクなお化けに代わって、眩《まぶ》しい陽光に彩られた印象派の絵と十万株の草花とが、カップルを出迎えてくれる、というおいしいデートコースに一変。煌《きら》めく琵琶湖を眼下に眺めたり、街の夜景を楽しみながら、お茶ができるお洒落《しゃれ》なスポット、とくれば、これはもう、昔とは超サマ変わり、激変です。

延暦寺の変貌

そんな比叡山へ仕事で登るのは、初めてです。延暦寺会館での延暦寺仏教文化講座にお招きいただき、光栄です。私にとっては、先日（三月十七、二十四日）出演した「比叡の光」というテレビ番組（KBS京都）に続くサプライズです。新島や八重が知ったら、同じようにびっくりするでしょうね。

なにしろ、百三十数年前の京都は、新島夫妻にとっては、「抵抗勢力」の日本における最大拠点でしたからね。なかでも仏教はその主軸でした。それがいまや、天台宗大本山が、キリスト教大学の元教員、それも神学部ですよ、を呼んで、創業者夫妻のことを聞いてみよう、という時代になりました。これまた、サマ変わりです。

それに、延暦寺が迎えに寄こしてくださったハイヤーの運転手さんが、なんと神学部の卒業生でした。道理で品がありました。それにしてもお寺と同志社は、なにかとご縁があるんですね。

京都の特殊性

新島襄という人は、仏教的に言うならば、キリスト教のお坊さんです。ただ、一般の僧侶と違って、アメリカのミッションに雇用された宣教師、という特殊な身分の宗教者です。

その新島が、アメリカ留学から帰国して、京都で山本八重に出会います。

そのころ（一八七五年の春ですが）、京都にはクリスチャンはゼロです。牧師や伝道師、これもひとりもおりません。まして宣教師（外国人牧師）など、論外です。だから、教会やミッション・スクールなんてあるわけありません。

宗教的に言えば、京都は外来宗教（キリスト教）にとって完全な空白地帯でした。東京に首都を奪われたとはいえ、宗教的には、依然として首都の座を占めていました。だから、他国の宗教の侵入に対して、もっとも警戒心と敵愾心《てきがいしん》の強い街です。ゲスな言葉を使うと、耶蘇教は、「商売仇」の出現でもあります。

おまけに、天子さま（天皇）がいらした日本で唯一の「聖なるミヤコ」でしたから、尊皇攘夷の本場です。外国人、なかでも宣教師はオフリミットが当たり前でした。

さながらインベーダー

そこへ、同志社の開校です。キリスト教（プロテスタント）の学校ですから、お寺や神社にとっては、まるでインベーダーが侵略してきたようなもんです。二百年以上もの間、取り締まりの対象だった危険極まりないキリシタンが、神聖なミヤコに出現するんですから。

同志社の教員になるために、神戸から移転してきた宣教師（J・D・デイヴィス）は、「ザビエル以来の宗教人の入洛」と言っております。そうした久々の来客を出迎えたのは、撃退デモでした。一万二千人の僧侶、神官たちが、不歓迎デモを繰り広げた、と彼は報じています。さしずめ、「カッ・エッ・レッ！カッ・エッ・レッ！」コールですね。

八重も牧師（新島襄）と婚約した、というただそれだけの理由で、知事から府立女学校の教員を即刻、首にされます。

それから百三十数年たった現在《いま》は、どうでしょうか。同志社は京都にすっかりなじんでいます。溶け込んでいます。「京都に同志社があってよかった」とさえ、言われます。その分、かつての反対勢力の拒否反応も、薄れました。当時のミスマッチは、いまやラブマッチに変身です。

最初の入洛

もっとも、延暦寺が先頭に立って、同志社の侵入を阻止した、ということはありません。他宗派と違って、キリスト教には、わりあいに寛容な面がありました。

だから、というわけじゃありませんが、新島とは、むしろ興味深い関係が生じています。

新島が十年間の海外生活を終えて、横浜に帰ってから、最初に赴任したのは、大阪です。一八七五年一月のことでした。ただちにキリスト教学校の設立に取り組み、あと一歩の所まで漕ぎ着けました。しかし、頓挫しました。

傷心の新島は、四月になって保養と観光をかねて、「お上《のぼ》りさん」よろしく、京都へ足を運びます。そのルートが凄いんです。普通なら、一日あればいいところを、大阪から京都に入るのに四泊五日かけています。

完全な観光客ですから。奈良、宇治、石山、琵琶湖を廻って、坂本から比叡山に登ります。それから延暦寺を見物して、京都（修学院あたりでしょうか）へ降ります。

比叡山の印象

京都に初めて足を踏み入れたのは、四月五日のことです。比叡山経由というのが、ミソです。延暦寺は、大津市坂本と京都市左京区にまたがっていますから、左京区民の私からすれば、町内のお寺みたいなもんです。市民にとってみても、京都の鬼門を護ってくれる京都《うちら》のお寺です。

新島にとっても、京都との最初の出会いは、延暦寺からです。延暦寺が京都の玄関、というか入口になったわけです。コチコチの仏教徒から見れば、新島は京都の鬼門を突破してミヤコに侵入してきたヤソですよ。キリスト教（プロテスタントですが）を初めて京都に持ち込んだのですから。

もちろん、新島には他意はありません。彼はもともと、山登りが好きなんです。単純に高い所に登りたかったのでしょうね。が、それ以外にも、今回は観光客として延暦寺を見物することも、旅のお目当てだったかもしれません。

ともあれ、琵琶湖畔の上坂本を早朝に発ち、一時間で頂上に着いています。もちろん、ケーブルや車がなかった時代ですから、歩いて登ったのですが、なかなかの健脚ですね。頂上では、根本中堂、大講堂、戒壇院などを見物しています。

明治維新後の廃仏毀釈《きしゃく》の影響でしょうね、寂《さび》れる一方の時代であったようです。興福寺のあの五重塔が、二十五円で売りに出された、という時代です。新島が見た延暦寺も、建物の修復さえままならず、「実ニ寂寥《せきりょう》之《の》至《いたり》ニ不堪《たえず》」といった状況だ、と書き残しています。百二十房ある宿坊も、大部分は「空房」で、「目も付られぬ次第」だと言っております（③一三四）。

京都へ降りる

新島はこの後、雨の中を京都側へ下山します。途中、道に迷ったので、ある寺に駆け込みます。が、呼べど叫べど、誰も出てきません。庭の草を刈った形跡もなく、いずれ廃寺になるだろう、と予測しています。

以上の目撃体験から、「往古之《の》叡山と相違し、今は兵を出し、天下を騒動する勢い無く」、「糊口《ここう》ニ窮する次第なり」と新島は結論づけます。抵抗勢力として組みやすし、と思ったかもしれませんね。

京都（修学院か八瀬あたり）に降りたのは、十時くらいです。速いですね。少し休んでから、また歩き出し、三条の宿舎（目貫屋《めぬきや》）には、正午に着いています。午後には、お目当ての博覧会を見てから、天気次第では名所旧跡もみたい、というのですから、わりあいタフですね（③一三四〜一三五）。

新島は京都に二十日間ほど滞在して、大阪へ戻ります。この間、山本覚馬や山本八重に会えたことが、新島の後半生を決めます。同志社が京都に開校できたのは、ひとえに覚馬の協力が得られたからです（本書二〇五頁参照）。

再び登頂

新島が、大阪を引き揚げて京都に転居するのは、六月のことです。旅館住いから覚馬邸に居を移します。だから、八重との交流も深まります。

それはそれとして、比叡山は彼にはお気に入りスポットでした。四月に眺めた頂上からの眺望がよほど気にいったのか、翌年（一八七六年）の正月、今度は、同僚宣教師を二人（デイヴィスとD・W・ラーネッド）引き連れて、登っています（D・W・ラーネッド『回想録』二四頁、同志社、一九八三年）。京都や琵琶湖の景観を見せたかったのでしょうか。あるいは、延暦寺がお目当てだったのか。

後者ならば、いまならさしずめ「初詣《はつもうで》」といったところです。が、信徒（牧師）の彼や外国人にはそんな気分は、もうとうありません。それでも、初めて迎える京の元旦を比叡山の山頂で過ごす、というのは、間違いなくいい気分だったでしょうね。

いっしょに山に登ったラーネッドは、その後、誰かからこう言われます。「ヤソ教の学校を京都の地に設けることは、あたかも比叡山を琵琶湖に移すようなもの」。登山を体験したラーネッドは、その意味が十分に理解できたはずです（D・W・ラーネッド『回顧録』八頁、同志社、一九八三年）。

しかし、前後の新島の予定を見てみると、登山の意図が気になります。年末には大阪に行き、帰りはラーネッドを京都に連れて来ています。元旦は比叡山、そして次の日（二日）は、婚約者の八重の洗礼式（デイヴィスの借家）、その次の日（三日）はその八重との結婚式（同前）です。こんな厳しい日程の中で、よくも登山計画を組んだもんです。

「八重の桜」の盲点

そこで、今日のテーマです。四月から始まった「八重の桜」にちなんだお話しをします。新島襄が見初めた八重が、いちやく有名になりました。大河ドラマ効果で、ずいぶんと新しいことも分かってきました。

ですが、依然として不透明な部分が残っています。とくに家族や肉親については、不思議なことなんですが、いまだに不明人物が何人もいます。私は、ドラマ後半（同志社・京都時代）の「時代考証」

をＮＨＫから頼まれていますから、人一倍、不明人物が気になります。

八重の家族、とくに六人の兄弟姉妹については、別のところでお話ししました（本書一三五頁以下を参照）。ので、ここでは、不明の肉親捜しやら、近親者に関する新情報の提供などに力《リキ》を入れてみます。豆情報として引き出しに入れておいてもらうと、ドラマを見る目が肥えるはずです。

伯母

最近になって、八重に「伯母」がいることが判明しました。びっくりです。しかも、会津戦争後、米沢にいっしょに一時避難した後、八重たちと京都に来ている、というじゃありませんか。

八重が米沢から入洛した際、同行者は女性三人です。母（佐久）、姪（峰）、それに「伯母」です。これもつい最近、判明した新事実です。山形で見つかった資料によれば、会津戦争の敗戦後、山本家の女性五人が、会津から米沢の内藤新一郎方へ「出稼ぎ」（避難でしょう）に来た中に、「伯母」が含まれています。

京都にいた覚馬（京都府顧問でした）から京都に来るように、との誘いがあったので、米沢に残されていた留守家族（全員女性）は、京都へ転じます。ただし、女性五人中、覚馬の先妻（宇良）は離縁のうえ、娘（峰）とも別れて、斗南《となみ》（青森県）へ向かいます。これも最近新しく分かった事実です。

ただ、その後の宇良の行方は、太平洋に放した魚みたいにまるで分かりません。

気丈夫な伯母

新島八重の家族や周辺の人たちの中には、まだまだ不明の人が埋もれたままです。新登場の「伯母」など、その好例です。彼女は良久の娘だといいます。良久というのは、覚馬や八重の曽祖父です。つまり、佐久（八重の母）の祖父に当たります。

佐久は、生まれは士子《しし》清右衛門の三女ですが、良久の養女となったので、「伯母」の姉妹にあたります。八重からすれば、母の姉です（あさくらゆう『川崎尚之助と八重』八二～八三頁、知道出版、二〇一二年）。この姉妹（佐久と伯母）の年齢差は、「伯母」の方が、六歳上です（『八重さん、お乗りになりますか』二六九頁）。

「伯母」は京都では山本家に同居したようです。ということは、覚馬は、大勢の女性に囲まれて（かしずかれて?）暮らしたわけです。母（佐久）、妻（時栄）、伯母、妹（八重）、娘（峰、久栄）といった具合です。七人家族中、男性はひとりですから、文字通り大黒柱です。ここからも、世帯主としての覚馬の責任が大きいことが、推察できます。

八重が語る「伯母」

山本家の家族のうち、「伯母」の働きについては、いっさい分かりません。ただ、気性については、八重がこう証言しています。

「伯母」は会津戦争のおり、八重ともども入城したが、「烈女」と呼ばれた八重に向かって、臆病者だと痛烈に叱責した、と（本書一九頁参照）。「伯母」の気丈夫さや権幕が本当ならば、佐久も宇良（兄嫁）も籠城せずに郊外に避難することなど、できなかったはずです。

「伯母」の気質を考えると、八重の気丈夫さは、山本家の女性に流れるＤＮＡだろうか、と思いたくなります。

父の係累・永岡清治

父である権八（繁之助）の縁者にも、八重の家族のような者がいます。たとえば、父親の兄（八重にとっては、伯父）の孫で、永岡清治（久之）という人物です。

少年の頃（一八六七年）、父親（権之助）と京都に赴いています。父は覚馬の「いとこ」に当たるので、幕末の京都で、清治もまた覚馬とは当然、親戚付き合いがあったはずです。

鳥羽伏見の戦いに敗れたあと、父と共に江戸を経由して、無事に会津に戻っています。清治は、会津戦争では白虎隊士として鶴ヶ城に籠城します。敗戦後は、東京で謹慎し、ついで斗南《となみ》に行きます。

一八七二年、清治はふたたび京都に転じ、「山本覚馬の許《もと》に寄食」します。だから、八重との交流も自然に生まれたはずです。一八七五年には滋賀県の下級官吏（補滋賀県十五等出仕）に採用されます。覚馬の口利きでしょう。後半生は、判事として活躍し、一九二七年、兵庫県で亡くなっています。最初の妻が八重（旧姓小池）というのも、奇しきことです（『不二』二一二頁以下）。

清治は亡くなる前の年に、私家版として、『旧夢会津白虎隊』（一九二六年、神戸）を出しました。

今では、いわゆる稀覯本《きこうぼん》になっていますが、八重の旧蔵文庫にはちゃんと残されています（『新島旧邸文庫所蔵目録』八八頁、同志社大学図書館、一九五八年）。

永岡喜八

ほかにも八重の血縁で着目すべき人物がいます。永岡（長岡）喜八という男性です。これまで、まっとうに注目されたことがありません。素性がよく分からなかったからです。新島襄の晩年に、彼の近辺で秘書、あるいはマネージャーか付き人みたいな仕事をしました。

たとえば、襄が臨終を迎えた大磯では、長岡は使い走りやあちこちへの連絡役を受けもっています。しかし、動作がスローであったためか、新島からは、「永岡ヲッサン之《の》ノロ調子」とか、「顔も長く、気も長し。余り急ぐ事は、大不得手《ふえて》なり」と皮肉られています（④二五八、三五一）。

先に触れたように、永岡家というのは、山本家と繋がる家柄でしたね。山本家に婿養子に入った権八（繁之助）の孫のひとりが、永岡喜八です（『不二』二一六頁）。

新島は、書生を求人する場合、親戚の山本家から人を得たわけです。八重や覚馬の口利きがあったのかも知れません。自宅の留守番として会津や上州出身の同志社学生をアルバイトに使うのが、新島家のやり方でした。書生の場合も、それが踏襲されています。

新島が大磯で臨終を迎えた際、襄に無断で危篤電報が京都の八重に打たれています。おそらく、永岡だろうと推測できます。

「八重は呼ばないように」という新島の態度に我慢できずに、こっそり打ったのでしょうね。親戚として、八重を思う気持ちを押さえきれなかったのか、新島の指示に反した行為でした。

川崎尚之助

夫に移ります。八重は生前、最初の夫（川崎尚《しょう》之《の》助《すけ》）については、あまり多くを語ってはいません。だから、「離婚」（事実上の）についても、これまでほとんど知られていませんでした。今回の大河ドラマで、川崎はすっかり全国区になりました。イケメン俳優の長谷川博己さんの好演も一因です。

八重はなぜ川崎について沈黙していたんでしょうか。意図的に隠していたとは思えません。その証拠に、佐久・八重親子から寄宿舎で指導を受けた同志社女学校の生徒たちは、「前夫」の話を佐久辺りからちゃんと聞いています。生徒が佐久から聞いた会津戦争の回顧談の中に、八重にまつわる武伝が入っています。そこに「前夫」が出てきます。こうです――

前夫を語る八重

「新島夫人が前夫を助けて、会津落城の際に、雄々しくも白鉢巻に白襷《たすき》、薙刀《なぎなた》脇に掻《か》い込んで、駿馬に鞭《むち》打って敵軍に進まれた様子」を幾度も繰り返しお祖母さんから聞くのが、「無上の楽しみ」であった、と生徒は回想しています（『創設期の同志社』三四四頁）。

これまで「前夫」川崎のことが闇の中であったのは、八重にしてはおそらく、語る必要がなかったからでしょうね。それに再婚相手の新島襄と違って、京都では川崎のことは誰も聞いたり、尋ねたりしなかったはずです。

川崎については、大河ドラマ効果で、会津戦争以後のことや、死去した日や死因、場所、それに血縁者まで分かってまいりました。

二度の結婚

川崎のことが、これだけ次々と明白になってきますと、二度の結婚をバラバラじゃなくて、総合的に考える必要が出てきますね。つまり、今までは、新島との結婚は、それだけを見ておればすみました。初婚は完全に無視されていました。

けれども、これからは、八重の再婚は「単品」扱いではだめでしょうね。初婚と対《つい》にするか、あるいは連動して分析しなければなりません。たとえば、こういう問題です。

川崎の永眠の消息が判明した結果、川崎の永眠と襄・八重の出会いは、時期的に見て、実に微妙な関係にありました。すなわち、八重が新島と京都で初めて出会うのは、一八七五年の四月（上旬）ですが、その日は、川崎が東京で死去した日（同年三月二十日）から数えて、わずか半月くらいしか隔っていません。

川崎八重から山本八重へ

見られるように、ふたりのダンナの位置関係は、なかなか微妙ですね。新島と初めて出会った時の八重が、はたして川崎夫人であったのか、あるいは山本八重子であったのか、判然としません。要するに、川崎夫人はいつ山本八重に戻ったんでしょうか。「三下《みくだ》り半」やら、「離縁状」はあったのでしょうか。記録を見てみます。

米沢に避難した時点（一八七一年夏）の記録では、いまだ「川崎尚之助妻」です。八重は、川崎の妻として、佐久たち山本家の女性家族（四人）とは別の一家として扱われています。それが、一八七五年二月の京都府の記録になると、「山本屋ゑ」です。この四年間のどこかで山本姓に復帰したと考えられます（竹内力雄「八重の夫・川崎尚之助の真実」二五頁、『会津人群像』二二、歴史春秋社、二〇一二年一一月）。

ならば、新島が最初に会った時の八重は、すでに山本姓に戻っていたと考えるのが、順当でしょう。しかし、川崎の死去した情報がまだ八重に届いていないとすると、戸籍的にはともかく、気分的には、川崎夫人であった可能性が残ります。そうなると、八重はいまだ「人妻」です。

戸籍から見て夫婦関係が続いていたかどうか、という事よりも大事なのは、八重の中で先夫に対する愛情がはたして継続していたかどうか、です。

この点に関しては、ふたりの気持ちは離別後も、依然として繋がっていた、とみる説が主流のようです。その典型は、吉村康氏です。

鳥越での「再会」（一）

吉村康氏は、鳥越（浅草）のシーンをこう描写します。山本兄妹はある要件（小野組転籍事件）で京都から東京に出張した際、居場所が分かった川崎をわざわざ訪ねて、兄と二人で川崎を説得した、というのです。

川崎が「希望するのなら、京都へ迎えてもよい」とまで覚馬は思います。一方、八重も京都行きを固辞する川崎に対して、「気が変わったら、いつでも京都へ訪ねてきてください」と哀願しています（吉村康『心眼の人　山本覚馬』二四六〜二四七頁、恒文社、一九八六年）。

これは大変に「受け」がよく、NHKは「八重の桜」に鳥越シーンを入れるようです。そう言えば、ノンフィクションとして書かれた鈴木由紀子『闇は我を阻まず』にも、鳥越シーンが入っていました。しかし、今では「小説家吉村康氏の創作」と断定されています。「八重は尚之助とは、会津で別れて以来、逢うことはなかった」と結論づけられています（あさくらゆう『川崎尚之助』二二二頁、知道出版、二〇一二年）。

鳥越での「再会」（二）

『闇は我を阻まず』の再会シーンは、多少の論議を醸《かも》しました。この作品は一九九七年に小学館の「日本ノンフィクション大賞」で優秀賞を受賞しました。それだけに、史実に基づかない事柄をさも史実のように書き込むことに問題がある、と批判されたのです。これが大河ドラマなら、とやかく言う筋合いのもんじゃありません。

鈴木氏の近刊、『ラストサムライ山本覚馬』（一五六頁、ＮＨＫ出版、二〇一二年）は、依然として再会説を繰り返しています。「東京にいるあいだ、覚馬と八重は永岡〔茂久〕と連絡をとりあい、尚之助と再会したと思われる」、と。

その時期は、小説の上では一八七三年の十二月頃とされています。私にはその可能性は、限りなく無いように見えるのですが、仮に事実とすると、面白い展開が見られます。前にみたように、川崎が亡くなるのは、これより二年後の三月です。そして八重が初めて新島と京都で出会うのが翌月（四月）、という流れになるからです。

新島との出会い

小説上の創作が暗示するように、かりに離別後も八重や覚馬が川崎に対して、好意や愛情を持続させていたとすると、八重の再婚はどう考えたらいいんでしょうか。おまけに、八重が依然として人妻であったとしたら、次の新島の発言は、どう受け取ればいいのか、迷います。

「一年前の春、保養のために京都を訪れた際、今の新島夫人と偶然に、というよりは、むしろ神の導きにより出会いましたので、私はただちに彼女と懇意になりたいと思いました」（⑥一七四）。

こう書かれているからといって、会った瞬間に結婚相手として意識し始めた、とは受け取らない方が、いいでしょうね。せいぜい、「お近づきになりたい」程度でしょうね。

というのも、翌年（一八七六年）には、新島の発言は多少、トーンダウンしているからです。彼女と知り合ったのは、「昨年の夏から」と証言しています（⑥一七一、一七三）。春の出会いは、カウントされていません。

思うに、春に八重に会った時、新島は八重の結婚歴（ましてや離婚歴）を当然、知らなかったはずです。けれども、夏には、事態は微妙に変わっていた、と思われます。

川崎死去の知らせ

じゃ、川崎がこの年の三月二十日に亡くなったという事実（通知）は、いつ京都の八重のもとに届いたのか。これはなかなか突き止めにくい事柄です。常識的に考えて、おそらく、四月か五月には、川崎の最期を見届けた東京在住の人たち（たとえば、米沢の小森沢長政・宮島誠一郎兄弟あたり）からの知らせが、京都の山本家に届いていたと思われます。

したがって、六月末（二十八日）に新島が、学校設立に本腰を入れるために、大阪から京都に居を転じたころには、八重の立場は、川崎夫人から未亡人になっていたはずです。新島にとっては、ここで初めて八重が、結婚対象になってきます。ですが、結婚志願に至るまでには、いましばらく時間がかかります。

新島との婚約

今では有名になった井戸のシーンは、夏の暑い日（ですから七月か八月）の出来事です。かつて八重を描いた「歴史秘話ヒストリア」の影響で、世間ではこの出来事がきっかけとなって、新島は八重を結婚相手として意識し始めたことになっています。しかしこうした俗説とは違って、まだこの時点でも、新島は八重を配偶者として明確に意識し始めたわけじゃありません。

じゃ、いつごろからか、と言いますと、九月中旬ころです。借家を構えて独り暮らしを始めたことが、結婚を本気で考える契機《きっかけ》になりました。「京都で家を一軒構えてみると、連れ合い（a helpmeet）なしではとうていやっていけないことが、分かりました」と新島は証言しております（⑧一七四）。

二人の婚約は、それより一か月後の十月十五日のことでした。婚約中の八重の手芸品が残っていますが、裏面には「山本八重」と署名が入っています（拙著『ハンサムに生きる』四六頁）。当然と言えば、それまでですが――

それにしても、急転直下の展開です。ですから一部には、両人の結婚は、「政略結婚」だ、との見方が当時からあったくらいです（青山霞村《かそん》『山本覚馬伝』増補改訂、一七六頁、京都ライトハウス、一九七六年）。

以上、新島の婚約と結婚問題は、八重の初婚・離婚と連動させて分析する必要があることが、お分かりいただけたでしょうか。

「庄之助さま」

連動ついでに、一件。現在、放映されている「八重の桜」では、夫婦になった川崎夫妻が、お互いを「庄之助さま」、「八重さん」と呼び合っています。これは、後半の展開が読みたい私には、大変に気になることです。

再婚してからは、八重はダンナを「襄！」と呼び捨てます。襄からは「八重さん」と呼ばれていながら、ですよ。

初婚と再婚の違いは、なんでしょうか。新島伝で言えば、今までなら川崎庄之助のことは、まったく考えなくてもよかったのです。それが、最初のダンナが知られるにつれて、新島夫妻のことが、書きづらくなってきます。

襄の独自性

会津で「庄之助さん」と呼びかけていた貞淑な会津娘が、京都ではなぜ亭主を呼び捨てにする「悪妻」に転身したのか、腑に落ちません。新島にしたって、女性（妻）にも「さん」付けする紳士というのが、定評でした。世にも珍しい男性でした。それが、庄之助もそうだった、となるならば、まるで二番煎《せん》じです。いや、猿まねとも、とられかねません。新島の特異性は、どこへ行くのでしょう。

私が脚本家なら、庄之助に「お八重！」、あるいは「おいっ」と呼ばせます。そうしないと、新島との「落差」が無くなってしまうからです。逆は、「旦那さま」でどうでしょうか。今も昔も、日本の妻は、「庄之助さま」とは言わんでしょう。「旦那さま」なら、「襄！」との格差は、一目瞭然です。

この点にこだわる私としては、襄の言葉をそのまま『八重さん、お乗りになりますか』と書名にしたくらいです。もしも、八重が会津でも庄之助から「八重さん、お乗りになりますか」と言われていたとすると、新島の文言《セリフ》は、珍しくもなんともありません。襄の特異性が地に落ちます。困ったことです。

子どもたち

最後に八重の子どもたちです。八重は二度の結婚とも、子どもには恵まれませんでした。けれども、新島の死後、養子を三人とっています。このあたりの消息は、「八重の子どもたち――新島家と広津家の人びと」と題して、『八重さん、お乗りになりますか』（二三一頁以下）で初披露しました。

なかでも甘糟初という養女を一番可愛がりました。新島の教え子のひとり（広津友信）と結婚させ、孫に襄次という名前を自分でつけます。襄の事業（同志社）の跡取りにするつもりでした。

初や孫に会いたいばかりに、八重は岡山、山形、東京へとしばしば出向きます。広津家の追っかけみたいなことをしております。

晩年の交流は、とりわけ密でした。新島家に代わって、広津家が八重の支えになります。遺産処理や遺言作成、葬儀の執行など、八重の最期の面倒を見たのが、広津家です。

広津家・横井家・新島家

新島夫妻の子孫、あるいは係累は、この広津家以外にもれっきとしておられます。山本家と新島家です。いずれも八重の縁者でもあります。

山本家は、現在、横井時雄の子孫（横井家）が継いでいます。新島家には公義の子孫がおられます。しかし、生前から八重本人は、これらいずれの家系ともあまり親密な交流を保ちませんでした。

それだけに、同志社としても新島家（ご当主は、同志社の「社友」です）以外とのお付き合いは途絶えてしまった感があります。現在、同志社は広津家とは没交渉です。一族に関する情報をほとんど持ち合わせておりません。もし、戦災で焼失してなければ、生前の新島が八重に書き送った数々の手紙は、子孫の所にあるはずです。

広津家といわず、大河ドラマをきっかけに、もう一度、交流の輪を広げるというのも、「八重の桜」効果のひとつかな、と思うのですが――

大河ドラマ

「八重の桜」効果と言えば、今日、比叡山に呼んでいただいたのも、八重さんのおかげです。その比叡山は、新島が京都に入る時の入口の働きをいたしました。十四年に及んだ京都生活の、いわば起点です。新島の京都生活は、比叡山から始まりました。

彼にとって記念すべきその比叡山の頂上から地上を見下ろすと、細かいものはほとんど見えません。

同志社なんて、霞《かす》んでます。新島旧邸にいたっては、完全に埋没しています。

じゃ、見えないから、無視していいかというと、意外に大事なものが混ざっています。今日は、そうしたものを主として紹介いたしました。と言っても、けっして「雑件」扱いしたつもりはありません。

ドラマは主流のほかにも、興味深い脇道が用意されています。「八重の桜」でそれを実感していただけるよう、今日はそのための情報提供に努めました。

（延暦寺仏教文化講演会、延暦寺会館、二〇一三年五月一一日）

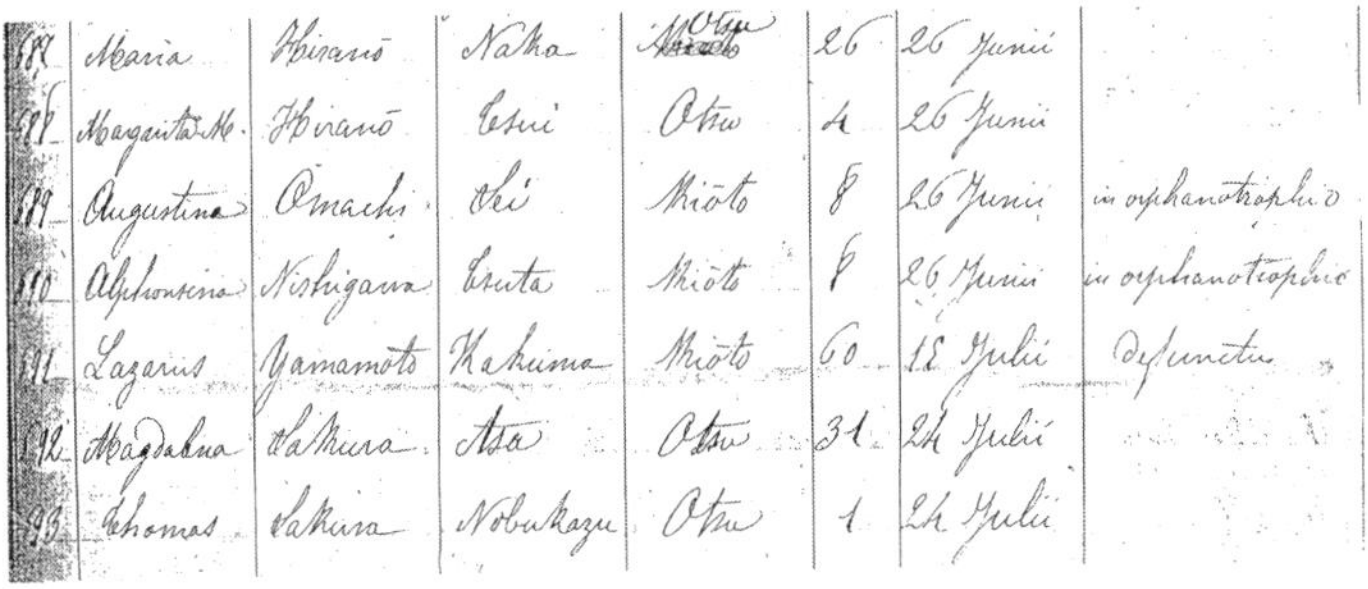

..87	Maria	Hirano	Natka (?)	Otsu	26	26 Junii	
..88	Margarita M.	Hirano	Usui (?)	Otsu	4	26 Junii	
..89	Augustina	Omachi	Oki (?)	Mioto	8	26 Junii	in orphanotrophio
..90	Alphonsina	Nishigawa	Urata (?)	Mioto	8	26 Junii	in orphanotrophio
..91	Lazarus	Yamamoto	Kakuma	Mioto	60	15 Julii	defunctus
..92	Magdalena	Nakamura	Asa	Otsu	31	24 Julii	
..93	Thomas	Nakamura	Nobukazu	Otsu	1	24 Julii	

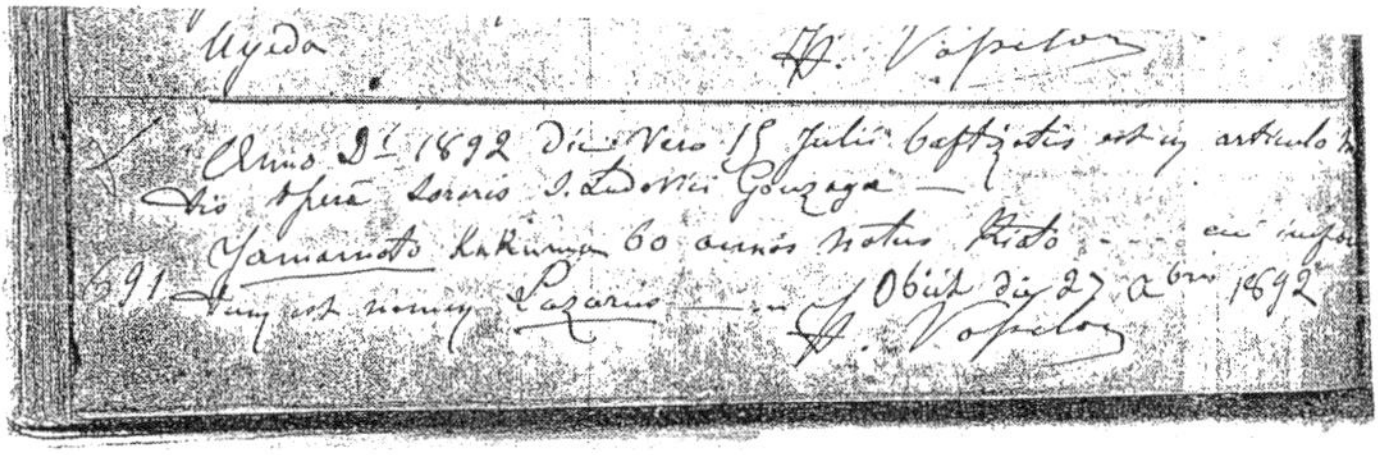

洗礼台帳に見る覚馬の改宗

覚馬は、京都において最もはやくからキリスト教（プロテスタント）の求道者になった。が、洗礼を受けるのは遅く、それより10年後であった。最晩年（1892年）には、三条の天主教会（カトリック）で洗礼を受け直し、カトリックに改宗（転会）した。写真は、同教会の洗礼簿（青山玄神父提供）。

上は「洗礼台帳」（ラテン語）の受洗者一覧表で、691番が覚馬である。左から、洗礼名（Lazarus、ラザロ）、姓、名、京都、年齢（60）、受洗月日（7月19日）、備考（死亡）。下は、「洗礼台帳」に三条教会主任司祭のアンリー・ヴァスロン（H.Vasselon）が記した覚馬の個人情報。下線部が、「山本」と「ラザロ」。覚馬の改宗にあたっては、二女（久栄）の感化が大きい（本書211頁参照）。

山本覚馬再入門
――八重・襄・同志社――

「覚馬の桜」

「八重の桜」は「覚馬の桜」になっている――あるNHKアナの指摘です。八重の大河ドラマが始まって数回目くらいの時のコメントです。

たしかに、イケメン軍団を繰り出しての導入と展開でしたから、主役の八重（綾瀬はるか）が食われかねない勢いでしたね。四月になっても、「主人公はだれだっけ？」といった疑問が、新聞のテレビ評欄に出るくらいです（『朝日新聞』二〇一三年四月一九日）。

それくらい、八重の出番が少ないのは確かです。ただ、プロデューサーの内藤慎介氏は、後半は大きく変わる、と発言しています。「八重に会津の無念を背負わせたい」、と意気込みます（同前）。

「八重の桜」の滑り出しと言えば、ここでも八重の子役（鈴木梨央《りお》）が凄《すご》すぎて、綾瀬を食うんじゃないか、と思われるほどの人気でした。それでも、梨央チャンの出番は単発です。それに対して、覚馬はいわば出ずっぱりです。後半はまだ予想できませんが、前半だけに限定すれば、まるで主役扱いです。

東北の星

ドラマが始まる前から、「新島八重の周辺で、八重にもっとも大きな感化を及ぼしたのは、兄の覚馬です」とか、「大河ドラマでは覚馬が準主役になりそうです」といった予言めいたことを言ってきた手前、ある程度は予想していました（早川廣中・本井康博『新島八重と夫、襄』増補改訂、一一九頁、思文閣出版、二〇一一年）。が、想定以上です。

おまけに演じる俳優が、西島秀俊と来てます。イケメンのうえに、あれほどのムキムキの身体とあって、女性ファンのこころをしっかりと捉えています。彼が新島襄を演じてくれたら、と嘆くファンさえいました。これでは、ニイジマはニシジマを越えられそうにもありませんね。

以前、私は覚馬を「維新の星」と称えました（拙著『マイナーなればこそ』一〇二頁以下）。ここ仙台から見るドラマ上の覚馬は、さながら東北を元気づけてくれる「東北の星」みたいですね。

ふたりの覚馬

ところで、ややこしいことを言えば、八重の血縁には覚馬という人物が、もうひとりいます。そもそも覚馬という名前自体が珍しいのですから、まさか他にもそんな名前の人がいるなんて、驚きです。しかも、八重の周辺、と来れば――

最初の夫、川崎尚之助《しょうのすけ》の兄が、なんと覚馬という名前なんです。一八三一年生まれです。だから、こちらの覚馬は八重の兄の覚馬より四歳下です。ほぼ同世代ですね。弟の尚之助とも四歳、離れております（あさくらゆう『川崎尚之助と八重』四六頁、知道出版、二〇一二年）。

もちろん、尚之助の兄は、会津とは無関係ですから、ふたりの覚馬は相互に交流はありません。だから「八重の桜」とも無縁です。大河ドラマにふたりの覚馬がいっしょに出る心配は、なさそうです。とは言うものの、八重と尚之助のそれぞれの兄が覚馬とは――偶然の一致とは言え、なんとも不思議です。

人気急上昇の覚馬

脚本家の山本むつみさんが、同志社に取材にいらしたのは、二年前ですが、その時、私はおおいに覚馬（以下、八重の兄のほうです）の働きを前宣伝しました。八重の兄は、時間的に見れば、あきらかに新島襄を越える感化を長期にわたって八重に与え続けました、と。

だから、新島よりも覚馬の方が、むしろ準主役になるのでは、との私の助言（推測？）がどの程度、脚本に取り入れられたのかは、もちろん分かりません。が、現にドラマはその線で進行中です。いや、私の予想をはるかに超えて、覚馬は八重の父親代わりに留まらず、ついには八重の「心の師」にグレードアップされ、主役が霞《かす》むほどの活躍振りです。

覚馬再入門

ということで、会津ばかりか、京都でも早くも覚馬の見直し、というか再評価が進行中です。再入門とでもいうべき機運が生まれ始めています。

たとえば、ＪＴＢと京都商工会議所が組んで、私のところに「覚馬・八重ツアー」が持ち込まれます。商工会議所の設立者であるばかりか、二代目の会長（会頭）ということに、改めて光が当てられました。府庁でも京都府議会の設置提案者にして初代の議長、という面が強調され始めています。

同じことは、同志社の創立でも言えることです。八重研究と同じく覚馬の研究も立ち遅れている同志社ですが、それでも蓄積はゼロじゃありません。三十年前の一九八三年五月七日に、神学館チャペルで「山本覚馬先生召天九十周年記念の集い」なるものが、開かれています。

同志社における覚馬

驚いたことに、その会には神戸市在住の永岡栄氏が出席されています。そして、「山本覚馬と血のつながる者として、かくも盛大なる集会を開いていただき、感謝にたえません」と挨拶までされているではありませんか（『新島研究』六五、五六頁、一九八三年一二月）。

覚馬や八重の父（権八）は、旧姓を永岡繁之介といい、山本家に婿養子に入ったことは、今ではかなり知られた事実です。が、三十年前は逆ですよ。その子孫が、同志社での集会に顔を出されている――これには、あらためてびっくりします。しかし、覚馬効果は単発的でした。

そこで私も、覚馬の功績については学内でも機会あるごとに発言してきました。が、なかなか正当な評価をしてもらえませんでした。早い話が、「覚馬館」です。同志社の新築校舎の名前にと、提案したことがあります。落選でした。二〇〇〇年でしたから、少々早すぎた嫌いがあります。今年だったら、有力候補間違いなしでしょうね。

その点、さすがＮＨＫです。京都放送局が、今年の八月くらいに「歴史秘話ヒストリア」で取り上げます。四年前の八重に続いて、今度も取材やインタビューを頼まれています。

私の覚馬研究

新島研究をしていた私が、覚馬について最初に論じたのは、今から十七年前のことでした。一九九六年に、大空社が青山霞村《かそん》『山本覚馬』（同志社、一九二八年）を復刻した際に、巻末に入れる「解説」を依頼されました。

覚馬の研究家がほとんどいないから、というのが理由でした。「解説」の中で、覚馬の偉大さと先駆性とを力説したのを思い出します。

続いて、主としてミッション（アメリカン・ボード）の記録に基づいて、覚馬の消息を紹介いたしました（拙著『京都のキリスト教―十九世紀の同志社教会―』、日本キリスト教団同志社教会、一九九八年を参照）。その七年後、先の「解説」を拡充して、「山本覚馬」という題で拙著『新島襄の交遊――維新の元勲・先覚者たち――』（思文閣出版、二〇〇五年）に収録しました。最後の二頁は、八重の紹介記事です。

本書の「新島襄を語る」シリーズでも、覚馬のことは、もちろん取り上げてきました。たとえば、二〇一〇年の講演筆記なんですが、「同志社が京都にできたミステリー――山本覚馬の『大引力』――」とか、「維新の星――京都の近代化と山本覚馬――」（拙著『マイナーなればこそ』七六～一二四頁）がそうです。

ですが、テレビで脚光を浴びて以来、全国区になった覚馬のことですから、世間の関心度は今と昔とでは、まるで違っています。そこで、あらためて「再入門」のつもりで、紹介してみる価値と必要がありそうです。ただし、八重がらみ、すなわち同志社や新島襄との関係に限定します。

京都と同志社はミスマッチ

同志社に限定して言えば、会津藩士の山本覚馬（一八二八年～一八九二年）は、創立の立役者です。新島襄（一八四三年～一八九〇年）が、もしも彼と巡り合っていなければ、あの時期、あの場所にキリスト教学校（同志社）が立つことは、ほぼ百パーセントありえない。それほど、京都と同志社は、ミスマッチでした。キリスト教学校を外国人（アメリカ人宣教師）と共に開くのに、京都は全国で最悪のスポットでしたから。

ミスマッチをラブマッチに替えたのが、覚馬なんです。彼が、会津から京都に「転勤」したことが、同志社の京都立地につながったのです。彼のお殿様、松平容保《かたもり》が京都守護職就任という「貧乏くじ」を引いたがために、砲術師範の覚馬は、いやおうなく入洛せざるをえませんでした。

一方、新島は「上州系江戸っ子」です。神田一ツ橋に生まれ、函館から密出国する二十一歳まで、江戸で暮らしました。だから、本来は上方《かみがた》、とりわけ京都とは何の縁もゆかりもない。十年振りにアメリカから帰国した新島は、すでに私立大学設立の夢を抱いていましたが、その候補地は、まずは東京か横浜です。それが、京都になりました。

なぜ京都か

これは、ミステリーです。彼はそれまで京都には足を踏み入れたこともない。知人も親戚もいない。ここはキリスト教の完全な空白地帯です。そればかりか、「抵抗勢力」の最大拠点です。しかも、外国人、とくに宣教師はオフリミットの「聖なるミヤコ」でしたから、帰国する以前の新島の脳裏からは、京都は完全に除外されていました。それが京都になったのは、なぜか。

新島が、「派遣社員」だったからです。もし彼が自由意志で帰国したならば、赴任地は自由に選べたはず。その場合、勝手知った関東（京浜）以外には考えられません。しかし、彼は宣教師として、いや、組織の一員として、日本に送り返されたのです。彼の給与は、生涯にわたって、すべてボストンから給付されました。開校後の同志社は、一銭も新島校長に給与を支払った形跡はありません。

大阪に赴任

彼を日本に派遣し、報酬を支払ったのは、ボストンに拠点を置くミッション（アメリカン・ボード）でした。当時、このミッションの活動拠点（ステーション）は、日本では神戸と大阪だけでした。だから、新島の赴任地は、必然的に阪神（実際には大阪）しかありえませんでした。

一八七五年一月、新島は大阪に赴任するや、伝道のかたわらすぐに学校設立にとりかかります。アメリカ留学時代、岩倉使節団を手伝ったおりに知り合った木戸孝允や伊藤博文が、おりしも「大阪会議」で在阪中でした。彼らの協力と支援を受けて、運動は順調に進むかに見えました。

しかし、最後の段階で、渡辺昇府知事の反対に遇い、運動は挫折します。幕末の長崎でキリシタン弾圧に狂奔した渡辺としては、たとえ兄貴分にあたる木戸の強力な勧めがあったとはいえ、キリスト教の学校を認可するわけには行きませんでした。

ふたりの出会い

傷心した新島は、生来の病弱もあって、同僚宣教師からしばしの休息と気分転換を勧められます。そこで、四月にこれまで一度も訪ねたことがない京都へ「お上《のぼ》りさん」として観光に出向くことにします。おりしも開催中の京都博覧会見物も、魅力のひとつでした。

当時、新島が大阪（川口）で部屋を借りていた同僚宣教師の住宅から京都へは、一日あれば十分です。それが彼の場合は、なんと四泊五日の長旅です。いったいどこへ行っていたのか、と言いますと、奈良、宇治、大津、石山、比叡山、延暦寺を回って、ようやく四月五日に入洛しています。完全な観光客です。入洛してから、ある人の紹介で、初めて覚馬に巡り合う機会に恵まれます。

紹介者は誰か。勝海舟とも木戸孝允とも言われます。このうち、勝の可能性はないでしょう（『山本覚馬伝』一五七頁)。たしかに覚馬は、佐久間象山、横井小楠と並んで勝海舟を師と仰ぎ、交流もありました。新島もまた、生前、勝とは五度にわたって面談し、指導も受けています。しかし、同志社開校(一八七五年秋)以前の時点では、相互に面識はありません(詳しくは、拙著『新島襄の交遊』思文閣出版、二〇〇五年を参照)。

可能性が高いのは、むしろ木戸の方です。彼は、すでに新島とはアメリカで知り合い、帰国後も大阪で再会もしている間柄です。さらに、木戸は京都府庁に隠然たる力を持っていました。当時の京都府庁は、大阪府庁と同じく、長州閥が牛耳《ぎゅうじ》っていました。槇村正直(実質的な知事)も、長州の出身で、木戸の股肱《ここう》でした。その槇村を裏で支えたのが、覚馬だったというわけです。

薩摩藩へ「管見」

大阪での学校設立失敗を気にかけて、木戸が今度は槇村に協力をとりつけようと声をかけた、としても不思議ではありません。木戸の日記から分かるように、彼が京都で槇村と面談する際には、たいてい覚馬も同席しています。覚馬が京都府顧問(知事の補佐官)のポストに就いていたからです。こうして木戸―槇村―覚馬のルートで、新島・覚馬の会談が実現した可能性が考えられます。けれども、そうした回り道をとらなくとも、新島はストレートに覚馬に会えたはずです。それが宣教師ルートです。

戊辰戦争(鳥羽伏見の戦い)の敗戦後、覚馬は薩摩藩に幽囚されました。その間(一八六八年)に作成した「管見」（建白書）が、覚馬のその後の人生を決めます。「管見」は、新日本のグランド・デザインとでも言うべき日本近代化の諸方策が陳述されており、薩摩藩主に献策されました。それを読んだ西郷隆盛や小松帯刀《たてわき》といった薩摩の要人が、絶賛したという代物です。

竹林熊彦の貢献

「管見」の原文は『新島八重と夫、襄』（増補改訂版、思文閣出版、二〇一二年）に入れておきました。しかし、反応はいまひとつですね。

それに「管見」の理解を助けるために、解説文代わりに竹林熊彦「山本覚馬翁の『管見』を読む」も収録しておいたのですが、これまた、あまり読まれていない模様です。

竹林熊彦（一八八八年～一九六〇年）という人は、同志社の卒業生で、同志社大学予科教授、図書館学のパイオニアです。その彼が、覚馬の業績について正当に評価しようとしたのが、先の労作です。一九二一年に学内誌に発表されたものです。

竹林はそれ以前から、覚馬伝の「稿本」作りに着手しています。生前の覚馬をよく知る浜岡光哲、中村栄助、それに八重の聞き書きを「基本とし」、それに山本家の保管文書や『京都府会史』の記事を参考にしてまとめたといいます（丸本志郎『山本覚馬の妻と孫』五五頁、まるもと、一九九二年）。

竹林が作った「稿本」をもとに、青山霞村が手を加えたのが、『山本覚馬』（一九二八年）です。今にいたるまで、これを越えるものはなく、この書を読まなければ覚馬を語ることはできません。その意味で、竹林の功績と先駆性は、もっと評価すべきですね。

「管見」のすごさ

いったい竹林は、「管見」をどう見ていたんでしょうか。まず、「其《そ》の多方面にして進歩的なる、一驚を禁じ得ざる」と「管見」の凄さを特筆しています。「翁の地位は、今少しこれを重価すべきであるまいか」というのが、執筆動機です。つまり、再評価を促すためにペンを執った、と言ってよいでしょうね（一七〇～一七一頁）。

覚馬の主張はまず政治の領域では憲法論から説き始め、三権分立に及びます。行政に関しても行政訴訟制の設置を木戸孝允に建策したと伝わっています。

経済面の活躍もすごいです。松方正義（大蔵卿、大蔵大臣）に呼ばれて、中央銀行や金本位制の創出について意見を求められた、といいます（同前、一七二頁、一七四頁）。徳富蘇峰もまた、松方からしばしば覚馬のことを聞かされたと回想しています（同前、一四四頁）。

転換点

「管見」で示した国際性や開明性を覚馬はどこで身につけたんでしょうか。考えられるのは、まず江戸での修業です。ここで、佐久間象山や勝海舟に師事したり、交遊したことが、一因でしょう。

しかし、外国人と直《じか》に接した、という点では、長崎遊学（一八六六年から翌年）も無視できません。

当地でＫ・ハラタマやＡ・Ｆ・ボードウィン、レーマン兄弟といった人たちと交流を深めたことが、覚馬の目をおおきく外国へ開かせたはずです。

覚馬は、のちに長崎から京都へ外国人を呼んで、積極的に文明開化路線を押し進めます。

新島も初めて異国人（ニコライ神父）に触れたのは函館です。一八六四年のことです。

この年は、京都でいわゆる「池田屋騒動」が勃発した年ですが、新島は江戸から北方（函館）に赴きます。その二年後には、今度は覚馬が会津から西へ（長崎）に向かいます。違いは、海外に目が開かれた新島は、そこから外国に飛び出したという点です。

「長州に擦《す》り寄った」

覚馬が江戸と長崎で培った見識は、戊辰戦争後、勝ち組から高く評価されます。その結果、戦後（一八六九年）になって釈放されたばかりか、翌年には京都府政の中枢に位置するポストに招かれます。

こうした覚馬の動向に関しては、「長州に擦り寄った」との批判が、出身地の会津では絶えません。現在でも、「覚馬は地元の会津ではまったく人気がない」と断罪されたりします（鈴木由紀子『ラストサムライ』二一九頁、ＮＨＫ出版、二〇一二年）。「京都から帰国しなかった」とか、「会津を見捨てた」というのも、「裏切者」扱いされる理由なんでしょうか。

彼の行動は、結果的に擦り寄ったことになるものの、実は一本釣りされたと見るべきでしょうね。

後年、府議会議長として、覚馬は槇村府政を厳しく糾弾してます。勝者にいつもべったりだとは、必ずしも言えません。

「西京復興プロジェクト」

それはともかく、「管見」に盛りこんだ内容を基礎《ベース》に、覚馬は京都の近代化政策の立案、実施に精力を傾けました。首都を「東京」に奪われた古都を「西京《さいきょう》」（西のミヤコ）として再生させるための方策です。

いわば「西京復興プロジェクト」です。政治、教育、経済、産業、金融、衛生、女学、外交、貿易など多方面で、次々と新しい事業が提案、実行されました。

とくに教育面の展開には、目を見張るものがありました。女学校（八重が働いた女紅場《にょこうば》）や各種の洋学校の設置はその好例で、お雇い外国人をも教員に採用し始めます。京都の学校を視察して、ひたすら感嘆したという福沢諭吉の「京都学校の記」（一八七二年）には、女紅場も出てきます。「外国の婦人は一人なれども、府下の婦人にて、字を知り、女工に長ずるもの七、八人ありて、其《その》教授を助けたり」とあります（『福沢諭吉全集』二〇、七九頁、岩波書店、一九六三年）。

ちなみにこの小冊子は、京都でも大黒屋書店などが刊行していますが、同店（河原町二条下ル二丁目）は山本家の北隣りです（同前、八一頁）。

福沢が女紅場で見聞した「女工に長ずるもの七、八人」のひとりが、八重です。まさにキャリア・ウーマンのはしりですね。この延長線上に、同志社（男子校、ならびに女学校）の設立が立ち上がってくる、と見るべきです。

先に紹介した竹林も、「〔山本〕翁は教育を以て政治の次に置いた。其の新島先生と共鳴する故なしにあらずである。翁は男子の教育のみならず、女子教育をも論じて居《お》られる」と高く評価しています（『新島八重と夫、襄』増補改訂版、一七六頁）。

女子教育の先駆者

たしかに覚馬は、「今すぐにでもキリスト教の女学校が京都に出来たら、どんなにうれしいことか」と表白しています。これは、神戸にいた宣教師、J・D・デイヴィスの証言です。彼が、男子校設立のために同僚の新島に同行して、京都に下見と交渉のために来たときに、覚馬が直接にデイヴィスに語った言葉です（一八七五年七月神戸発のデイヴィスの手紙）。

発言の時期に注目すべきです。デイヴィスが京都で覚馬と面談したのは、一八七五年の六月中旬のことです。同志社の男子校が開校する四か月前です。デイヴィスは、この後十月に、「神戸ホーム」（現在の神戸女学院）という（アメリカン・ボード所属の学校としては）最初のミッション・スクールを始めるのですから、覚馬の先見性はすごいですね。

デイヴィスは、京都へ転じてからは、自宅に今度は「京都ホーム」（現同志社女子中高大）を作ります。男子校（同志社英学校）より一年、遅れます。この背景にも、覚馬の奨励があったはずです。

京都博覧会が契機

覚馬が取り組んだ「街起《まち》こし」のためのプロジェクトの中で華々しいのは、毎春の博覧会開催（第一回は一八七一年）です。日本初の試みですが、この「博覧会の開設」に貢献したのも覚馬だ、と竹林は証言しています（同前、一七五頁）。覚馬は、それまで外国人にはオフリミットであったミヤコを開放して、観光客の誘致を図ろうとします。

これを絶好の機会と捉えて入洛するのが、神戸や大阪で伝道に励んでいた宣教師たち（新島の先輩たちで、アメリカン・ボードに所属）です。外国人コンプレックスのうすい覚馬は、宣教師たちの入洛を知るや、積極的に接触して、キリスト教談義を試みます。覚馬と接触したあと、O・H・ギュリックは、覚馬との面談結果をミッション本部（ボストン）にこう報じています。

「当市で第三番目のランクにいる官吏〔覚馬〕と、〔J・C・〕ベリー、〔J・D・〕デイヴィス、それに私との会談で、その官吏は〔中略〕現在は駄目であるが、近い将来には日本はキリスト教に開かれるであろうと明言しました」（『京都のキリスト教』七頁）。

M・L・ゴードン

翌年（一八七二年）の博覧会にもギュリックとデイヴィスは阪神から京都へ出向き、覚馬と接触しています。さらに一八七四年の春も、ギュリックは覚馬との会談を実現させています。

宣教師によるこうした伝道（福音の種まき）は、一八七五年には、実を結ぼうとするまでになります。この年、大阪から京都に入ったM・L・ゴードン（アメリカン・ボード）が大きな働きをします。彼は京都では民家を借家して、会期いっぱい滞在し、将来の伝道開始のために、情報収集や準備に努めます。

そのかたわら、ゴードンは、キリスト教の入門書として漢文で書かれた『天道溯原《てんどうそげん》』を覚馬に与えます。その効果は抜群でした。覚馬は、それまで抱いていた疑義は、すべて「氷解」するにいたった、と新島に漏らします（拙著『マイナーなればこそ』八三頁、一一三頁）。

『天道溯原』

新島の同僚、デイヴィスもその翌年、こう証言しています。「目の不自由な顧問は、昨年の春、ゴードン博士から貰った『キリスト教の証拠』という本、ならびに新島氏との交流を通して、キリスト教の真理を確信しました。同時に、それこそが日本に必要なものだと認識しました」（京都発・一八七六年二月一五日付のデイヴィスの手紙）。

『キリスト教の証拠』という書名は、『天道溯原』の英語訳です。つまり、この本は、W・P・A・マーティンという中国在住のアメリカ人宣教師（中国名は、丁韙良）が最初から漢文で書いたキリスト教入門書なんです。つまり、原書が漢文ですから、英語の本はありません。よく間違われますから、注意が必要です。

この本を読んでもらった結果、覚馬はキリスト教に対する見解を変えます。周囲からは、信徒（キリシタン）と見られたりもします。彼はそうした風評に負けずに、『天道溯原』を何冊も入手して、知事を始め府の高官たちに読むことを奨励さえします。その結果、知事も一時はキリスト教に傾きかけます。

そこへ新島が

こうして、新島が最初に入洛した時には、「時は満ちた」と言えそうな状況が出来上がっていました。一方の覚馬は、すでに四年前から宣教師の指導を何度も受けて、キリスト教の共鳴者になっていました。少なくとも、仏教よりも高い評価を与えるほどになっていました。

なかでもゴードンの働きや指導は、特筆すべきです。そのゴードンを新島は京都でもまっさきに訪ねています。ゴードンは、この年（一八七五年）新島よりも早く京都に入って、三条木屋町あたりで町屋を借家していました。彼こそ、大阪（川口）で新島を同居させていた先輩宣教師でした。医師でもあっただけに、新島の京都見物もゴードンの勧めが大きかったと思われます。

その先輩の口から、覚馬のことが出るのは自然なことです。いや、会うことも勧められたはずです。場合によっては、覚馬と新島の面談にはゴードンが同席したかもしれません。

初対面から意気投合

新島は、初めて会った覚馬に、大阪での苦い経験を語ったはずです。人一倍、教育に関心を寄せるばかりか、キリスト教に少なからぬ理解を示すようになっていた覚馬に、新島はさらにひと押しを加えたことでしょう。

何度目かの面談で、覚馬は、「それなら学校を京都にお造りになっては」と水を向けます。重大発言ですよ、これは。知事顧問としての発言ですから。なにしろ、「官尊民卑の風習で、槇村〔実質、知事〕といえば人が殿さまのようにしていた」時代です（青山霞村《かそん》『山本覚馬伝』改訂増補版、七九頁、京都ライトハウス、一九七六年）。

槇村については、「傲岸不遜な態度」と「極端な官僚のやり方」で有名でした。「徳のない人」ともみられていました（中村栄助『九拾年』四八頁、私家版、一九三八年）。その殿さまみたいな槇村が、「山本先生」（同前、一七七頁）と頼りにしていた顧問が覚馬です。それだけに、その口から出る発言は、今風に言えば、市による「誘致」にほかなりません。

以後、話は順調に進み、これより四か月後、覚馬は新島と連名で「私塾開業願」（一八七五年八月）を府知事に出すに至ります。覚馬は出願する前に、知事の内定を事前に得ていたはずですよね。興味深いことに、申請書に書かれた新島の肩書は、「覚馬同居人」です。覚馬は、大阪から京都に転じた新島を自宅に引き取って、面倒をみていました。

二回の結婚を仕切る

この点は、八重の初婚のケースと酷似します。覚馬は川崎尚之助の才能を江戸で認めて会津に呼び、わが家に同居させて事業を共にする。やがて妹との結婚を勧める。

新島の場合も、最初に新島の人物を見抜いたのは覚馬です。同居させていっしょに事業に取り組み、やがて妹を娶らせる、という手法や軌跡も同じです。

それに、昨年、米沢で見つかった記録によると、八重たちを京都に呼んだのも、覚馬だということが、分かりました。以前、私もそうじゃないかな、とぼんやりとは思っておりました。「場合によっては、お兄さんの方から『京都へ出て来たら』という誘いがあったかもしれませんね」とね（『新島八重と夫、襄』七三頁）。

「棚から牡丹餅《ぼたもち》」

それにしても、京都に同志社が出来るなんて、新島から見れば、まるで「棚から牡丹餅」です。注目すべきは、新島が求めてもいないのに、という点です。徳富蘇峰に言わせれば、偶然《たまたま》起きた出来事です。「天は偶然にも、新島が自ら求めざるも、斯《かく》の如き人物を彼に与へた」と言っています（同前、一四六頁）。

たしかに、思わぬ形で念願の学校が最初の入洛からわずか七か月後の、一八七五年十一月に、宗教的首都に実現したのですから。おまけに、結婚相手にも恵まれる。予想もしなかったことが、起きてしまったのです。

そもそもの端緒と言えば、覚馬が立案した博覧会です。博覧会が契機となって覚馬は、キリスト教の疑義を直接、宣教師に尋ねる機会が持てた。そのおかげで、キリスト教に対する偏見を解消させることができました。さらに、新島を京都に呼び寄せ、覚馬との邂逅を実現させてくれたのも、元はと言えば博覧会なんです。覚馬にしてみれば、まるで自作自演のドラマを演じている感があります。

同志社開校の立役者

覚馬は新島が計画した学校のために、校地を用意しました。旧薩摩藩邸です。自分が幽閉されていた藩邸をなぜか戊辰戦争後、覚馬は手に入れていました。その理由《わけ》は分かりません。

新島ひとりでは、校地や借家の確保は、京都ではまず絶望的な時代でした。それだけに、覚馬の協力は不可欠なんです。府の認可取得と同じく、「同志社」のネーミングも「山本が発案した」と、徳富蘇峰が断定しております（同前、一四六頁）。

したがって、同志社開校を伝えた最初の報道記事（仏教系の新聞でした）では、まるで覚馬が主軸となって設立したかのような書き方になっています（拙稿「解説」一頁、『山本覚馬』復刻版、大空社）。

開校直前には、新島と八重との婚約も成立します。ふたりの結婚は、覚馬にとっては「義弟」の誕生でもあります。

「山本兄弟」の仕事

その意味では、会津サイドに立てば、同志社の設立と運営は、山本覚馬と義弟の新島襄、すなわち

「山本兄弟」の事業、と言えなくもありません。だから、新島校長が欧米旅行のために一年半にわたって学校現場を離れた時には、義兄の覚馬が校長代理に就任します。

新島が現職校長として死去した際もそうです。後継者人事で同志社は苦慮しますが、結局、ワンポイントリリーフとして担ぎ出されたのが、覚馬です。全盲の身であるうえに歩行が困難、という重度の身体障害者であったにもかかわらず、です。「余人をもって代えがたい」人材が、覚馬でした。

会津人を寄宿させる

覚馬は、同志社に遊学して来る会津の学生の面倒をよくみました。その代表は、旧藩主の子、松平容大《かたはる》です。自由民家家であった兼子《かねこ》重光も有名です（以上、本書一一九頁以下を参照）。

それ以前からも、会津から入洛した青年を何人も家で世話したと伝わっています。親戚の喜三郎という青年はそのひとりです（本書二一三頁参照）。永岡清治も親戚です（本書一七二頁参照）。彼が後に著した『旧夢会津白虎隊』（一九二六年、神戸）には、覚馬が出てきます。しかも、龍馬が暗殺された日の記事です。

一八六七年の十一月十五日（旧暦）に、「父と〔覚馬〕翁とともに、新撰組七条の邸に〔近藤〕勇を訪う。余、また従う」と清治は書き残しています。訪問の目的は、近藤からかねて「新刀を鍛錬せしむる」ことを頼まれていた覚馬が、さらに永岡にそれを委嘱していたのが仕上ったので、近藤に新刀を手渡すためでした（同書一二三～一二四頁）。

龍馬暗殺の夜

龍馬暗殺の下手人は、いまでは京都見廻《みまわり》組が定説です。が、当時は、新選組（近藤勇）が疑われていましたから、清治の証言は、大事です。「近江屋事件」の当日、近藤、覚馬、永岡は、近藤の妾宅で夜遅くまで飲んでいたというアリバイが成立するからです。

現に、当夜の宴会の帰途、「近江屋事件」が起きたことを知らされ、その首謀者は新選組ではないか、と会津藩士から聞かれた覚馬は、「近藤にただいま逢うてきたゆえ」下手人ではない、と断言した、といいます。

これは、覚馬と新選組の関係が窺えるばかりか、永岡家と山本家が近い関係にあることを窺わせてくれるエピソードです。

佐久間象山の遺児

覚馬と新選組の繋がりは、周知のものです。恩師の佐久間象山が暗殺された時、遺児の恪次郎《かくじろう》（三浦啓之助）の面倒を勝海舟から頼まれています。覚馬は、恪次郎を新選組に預けます。

実は、象山の生前から覚馬は恪次郎の世話をしております。一八六四年（象山が暗殺された年です）に京都で開いた洋学所で、恪次郎の指導にあたっています（『山本覚馬伝』五〇頁）。「海舟日記」（慶応二年七月五日付）によると、海舟は恪次郎の世話をしてもらった礼金として、近藤勇、土方《ひじかた》歳三、覚馬（角馬とあります）の三人に、それぞれ五百疋《ひき》を与えていますね（『勝海舟全集』一八、三四一頁、勁草書房、一九七二年）。

会津の小鉄

覚馬は、その一方で、侠客として鳴らした「会津小鉄」とも繋がっています。むしろ、新選組との付き合いよりも有名だったらしく、維新後の京都で会津を代表したのは、「会津小鉄」と覚馬のふたりだけ、という評判さえ生まれたといいます（『山本覚馬伝』三三頁）。

新選組や侠客は、会津藩預かりでしたから、当然の交流と言えば言えますね。

交流と言えば、ことしの大河ドラマに、私の高校時代の級友が出ています。大垣屋清八を演じている松方弘樹氏です。あまり馴染みのない役柄ですが、「会津小鉄」の親分にあたります。もともとは、父親が清八の子分であった大沢善助が、跡目を継ぐはずでしたが、小鉄に譲ったというわけです。

その善助によると、清八は京都にあった三十六軒の「元締」中、最有力であったそうです。「彼は、会津藩松平肥後守《ひごのかみ》〔容保〕の用達で、扶持《ふち》を受けて苗字帯刀を許され、大沢清八と称し、有名な侠客であった。『会津の国右衛門』、『舵取の常』、『会津の小鉄』などは皆、大沢清八の子分で、近年までもよい顔役として知られていた」人物です（大沢善助『回顧七十五年』二〜三頁、私家版、一九二九年）。

したがって、大沢善助は、（直接ルートとは別に）「会津小鉄」を媒介にしても、覚馬、ついで同志社との繋がりが生じることになります。大沢家は、のちに一家して信徒になり、代々、同志社の支援者として貢献しました。大沢善助が新島や覚馬と早くから繋がっていたことが、好結果を生みました。

覚馬の信仰

覚馬は、京都ではもっとも早くキリスト教（プロテスタント）を受け入れたひとりです。入信は、けっして打算や利害からではありません。「日本のような不道徳な国は、キリスト教以外のどんな手段をもってしても、清められない」と覚馬は確信していた、と新島は断定しています。覚馬に初めて会った翌年（一八七六年）の証言です（⑥一七六）。

同じく会津人の信徒、井深《いぶか》梶之助（明治学院総理）にも同様の証言があります。すでに一八八〇年代に、「日本の徳育は、将来どうしても基督《キリスト》教倫理を基礎とせなければならない」と井深にしみじみと語ったといいます（拙著『京都のキリスト教』一九六頁、日本キリスト教団同志社教会、一九九八年）。

ただ、洗礼を受ける時期は遅れます。覚馬から求道を勧められた妹の八重を始め、家族の者たちの洗礼の方が、はるかに早かったのです。覚馬その人の受洗は、それより約十年、遅い。なぜか。

覚馬の洗礼

覚馬の受洗は、一八八五年五月七日（同志社教会）のことです。妻（時恵）といっしょに宣教師（同志社教員）のD・C・グリーンから受けました。ちょうど、新島校長が、二度目の渡米をしていた間のことです。

受洗が遅れた理由は、よく分かっていません。公人として身を処す必要上、躊躇《ためら》いがあったためでしょうか。世俗世界で生きて行くには、信徒であることがマイナス要因になりかねない、との配慮や懸念があったのかもしれません。とすると、当初は宗教的に「匿名」で生きる道をやむなく選ばざるをえなかったのでしょうね。

そうした迷いを打ち砕いたのが、同志社の校長代理が非信徒ではまずい、との判断であったでしょうか。ならば、一年半にわたって学校を留守にする新島に代わって、同志社校長を務めたことが、直接の契機になったはずです。新島の代理者が未信徒では、示しがつかないと、いよいよ腹をくったのかもしれません。

アメリカでこのことを知らされた新島は、飛びあがらんばかりに喜びました。英文の手紙でこう記しています。「山本覚馬が洗礼を受けたいと言ったことは、驚くべきニュースです。どう言葉にしていいか分からないほどありがたいことです。京都の有力者の間で、実に大きな影響を発揮すると思います」(⑥二五八)。

入信をめぐるふたつの謎

襄にこの件を知らせたのは、八重のはずです。襄は八重に一八八五年四月三日に返事を書いて、こう述べます「御兄ニハ、此度《このたび》洗礼御望みのよし、珍重、珍重――日本を出しより是程《これほど》、喜はしき新聞〔ニュース〕は、未《いまだ》承不申――、御兄様にも其節（日本信徒大親〔睦〕）会にて、御受洗□□、京都府下の人々に大関係を生す事――」(③三四三)。

けれども、覚馬はなぜか最晩年になって、三条の京都カトリック教会に転会しています（本書一八五頁参照）。同志社教会での洗礼から、数年が経っていました。その間に何があったというのでしょう。信仰や思想的な要因であったのか、あるいは、教会内のもめ事や衝突が原因か、そこはよく分かりません。手掛かりがあるとしたら、愛娘《まなむすめ》の久栄と同時に転会していることです。

覚馬のカトリック改宗

教会の洗礼台帳を調査された青山玄《げん》神父（南山《なんざん》大学名誉教授）によると、洗礼を受けたのは一八九二年の七月十九日（六十歳）で、洗礼番号は六百九十一番、洗礼名は「ラザロ」です。覚馬の改宗は、久栄の導きがあった結果だろう、と見られます。

しかし、後年の台帳書入れでは、なぜか受洗日が違っています。同じ年の八月十五日です。シスターの中川ときえ（修道名はルイ・ド・ゴンザク）から病床で受けたことになっているそうです。覚馬は十二月二十七日に死去しますから、亡くなる四か月前のことです。

青山先生によると、カトリックはプロテスタントと違って、洗礼の施し方が緩やかだそうです。本人や親が希望すれば、臨終の病人や幼児にでも洗礼を授けることが、許されている、しかも、必ずしも有資格者（神父）でなくても、一般信徒でも洗礼を授けてもよいことになっています。

発足してまもない教会なのに、すでにこの時点で、七百人近い受洗者を生み出している秘密は、このあたりにありそうです。覚馬も現実の教会生活をきちんと守ることはほとんど無理ではなかったかと思われます。久栄の指導（というより推薦）できゅうきょ、洗礼を受けることにしたんじゃなかったでしょうか。

久栄の改宗

一方の久栄ですが、同志社女学校から神戸女学院に進み、卒業後は京都のカトリック系手芸塾で学びます。修道女たちがそこで献身的に働く姿に共鳴して、カトリックに改宗することを決意します。洗礼は、覚馬よりも少し遅れて、同じ年の十一月のことです。洗礼名をブランディンといいます。その後、修道院に入りますが、一八九三年七月に脳膜炎で亡くなります（高橋政子「山本久栄」、『日本キリスト教歴史大事典』一四四八頁、教文館、一九八八年）。

カトリックへの改宗に関しては、八重（叔母）や峰（姉）に対する「痛烈な久栄のレジスタンス」と見る向きもあります（『山本覚馬の妻と孫』一九頁）。いずれにせよ、覚馬に関しては、娘思いのあまり、久栄に勧められて、あるいは久栄に同情して行動を共にしたのではないでしょうか。

覚馬のふたりの妻

覚馬も八重と同じく、二度、結婚しています。宇良と時恵です。いずれも添い遂げることができず、離縁しています。離縁の要因は、最初が覚馬の不倫（時栄との同棲）、次が時栄の不祥事（不倫）、と伝わっています。

宇良とは会津で結婚し、会津戦争後に離縁しています。その後の彼女は、斗南（青森県）に移り住んだ、という以外は、何も分かっていません。一方、時栄とは京都に転じてから知り合っています。彼女は、一八八六年に離婚してからは、大阪府堺、ついで神戸（娘も一時、神戸でした）へ転出しました。その後は、アメリカへ行った、と伝わっています（『山本覚馬の妻と孫』一〇頁）。

しかし、一九二六年の時点では、東京（日本橋区新葭《しんよし》東《ひがし》萬《よろず》河岸《がし》一四）に住んでいます。本間重慶（同志社の最初の入学者のひとり）の証言です。「今は小田時恵女史、即ち山本〔覚馬〕先生の未亡人」は、「今は、基督《キリスト》教の信者にて、前、永く山本氏と同棲せられ、日夜、夫の不自由を保護せられ居られた」と（本間重慶「創立当初の事情、問合わせ先其の他に就て」、『同志社校友同窓会報』一九二六年一一月一五日）。

ふたりの覚馬夫人には、共通点があります。それぞれに娘が生まれています。宇良とは二女を設けましたが、生き残ったのは次女の峰だけです。時栄との間には、久栄が生まれています。

彼女らふたりの娘も、母親同様に異性関係では人一倍の苦労をしています。久栄と蘆花の悲恋が、好例です。現実は、それだけじゃありません。

覚馬のふたりの娘

覚馬は長女の峰（一八七一年に入洛）に将来、婿養子をとらせるために、会津出身の喜三郎という青年を自宅に寄宿させていました。京都博覧会のための英文パンフレット（一八七二年発行）を作成した際、丹羽圭介（覚馬のいわば、秘書役）とともに、喜三郎にも英文原稿を作らせております。

しかし、作業の途中で、「出版のことについて、面白くない行為」があったために、峰との結婚は破談になったといいます。その後、峰は一八八一年に同志社卒業生の横井時雄（今治教会牧師）と結婚しますが、間もなく二十七歳で死去します（『山本覚馬伝』一五頁、九九頁、一七四頁）。

次女の時栄にも、同じく婿養子が用意されていました。しかし、この青年、「秋月興四郎」（実名は不明）と覚馬の妻、時栄との間に不倫が発生したので、これも破談になり、青年は会津に帰った、という話が、徳冨蘆花の小説、『黒い眼と茶色の目』に出てきます。

これが事実ならば、「娘二人とも養子婿をとる縁がなかった」と言わざるをえませんね（同前、一七五頁）。事実はともかく、「久枝〔久栄〕嬢にも婿にすべき少年があった。同志社へ通っていたこの美少年からして、久枝自身の関知しない悲劇が、〔覚馬〕先生の家庭に起こった」と伝わってきました（同前）。

久栄もまた、峰と同じように二十三歳という若さで、しかも久栄の場合は未婚のまま亡くなります。

覚馬派

最後に「覚馬派」です。覚馬の感化は広く周辺にも及ぶ、という証拠です。そもそも京都の政財界で覚馬が占める位置は、圧倒的でした。初代の府議会議長は彼以外の者には務まりませんでした。商工会議所にしても同じです。初代の高木文平（覚馬の門弟のひとりです）に代わって二代目会長に就任したのは、覚馬です。彼を担ぎださなければ、誰もやれなかったポストだったんでしょうね。

府会議員の主たるメンバー、あるいは財界の大物に占める覚馬の門弟たちは、「覚馬派」とでも呼ぶべき集団を形成していました。同派のメンバー中、信徒であったのは、大沢善助、中村栄助くらいしかおりません。

にもかかわらず、門弟たちは揃って、同志社の支援者になりました。とりわけ、一八八〇年代後半に、新島と覚馬が同志社大学設立募金運動に着手すると、彼らはこぞって募金に応じます。新島襄を後押ししたい、と言うよりも、「山本先生の事業」に協力を惜しまなかったからです。

中村栄助と大沢善助

「覚馬派」のひとり、中村栄助の目に映じた覚馬は、こうです。

「当時、山本先生は失明して居《お》られたが、稀《まれ》にみる識見の士で、河原町《かわらまち》御池《おいけ》の自宅では、常に〈府会〉議員中の有志五、六名を集めて、或《あるい》は政治、或は経済、法律などに関する講義をして居られたのである。先生の最も得意とせらるるところは、経済論であった」（中村栄助『九拾年』五一頁、私家版、一九三八年）。

覚馬が社会科学方面に強かったことは、彼の「管見」からも十分に窺えます。自然科学の分野は、門弟の明石博高《あかしひろあきら》が主として担当しました。

覚馬の最期

覚馬は新島に二年遅れて、天に召されました。カトリックに改宗してはおりましたが、そこは同志社の発起人、社員（理事）、臨時総長でしたから、葬儀は同志社チャペルにおいて、プロテスタント式で行なわれました（ちなみに、愛娘の久栄の葬儀は、京都河原町天主公会堂）。

墓は、京都の東山（若王子山《にゃくおうじ》）の「新島・山本家墓地」（今の「同志社墓地」）に建てられました。そこには、先に召された義弟・襄の墓があります。ふたりして発起した同志社を東山から今も静かに見守っているかのようです。

後を継いだのは、最初の妻（宇良）との間に生まれた娘（峰）の長男、平馬でした。偉大なふたりの祖父の名前――横井小楠（平四郎）と山本覚馬――から一字ずつもらって、「平馬」と名づけられました（拙著『八重さん、お乗りになりますか』二一八頁）。

その後の山本家

峰が亡くなると、覚馬は孫の平馬を自分の子、つまりは山本家の養嗣子にしました。跡取りのことは、峰が時雄と婚約するときに、すでに話がまとまっていたといいます。「横井氏と婚約の時、了解があった通りに、横井氏の長子、山本平馬氏が〔山本〕先生の後を嗣《つ》いでいる」と言われていますから（『山本覚馬伝』一七四頁）。

将来、山本家をしょって立つ輝かしい星になることが、期待されたはずです。しかし、平馬には荷が重すぎたのでしょうか、平馬の死でもって山本家は絶え果てた、と一部では見られました。現実には、平馬にはちゃんと子息（山口格太郎）がいます。ただ、格太郎氏と同志社の接点は、とりたててありませんでした。

その後の横井家

一方、横井家ですが、時雄と峰との間には、平馬のほかに悦子という娘がいました。峰が亡くなった後、時雄と再婚相手（旧姓柳瀬《やなせ》豊）との間に生まれた男の子（直興）が、横井家を継ぎました。ピアニストの横井和子さん（元京都芸大教授）は、その娘です（『山本覚馬の妻と孫』三〇頁以下）。

興味深いのは、時雄・峰夫妻は、性格的に襄・八重夫妻に近いことです。蘆花の観察によると、時雄は女性的、妻は男性的です。

「お稲〔峰〕さんは、大まかな男の様な性質《たち》の人であった。会津の女だけに、中々剛情で、随分吾儘《わがまま》でもあった。貴公子らしい鷹揚《おうよう》な点はあっても、性来《しょうらい》、気が弱くて細気《こまぎ》のつく又雄〔時雄〕さんは、却《かえ》って女の様《よう》であった」（徳冨蘆花『黒い眼と茶色の目』三四～三五頁、新橋堂、一九一四年）。

時雄夫妻に比べると、襄は草食系、妻は肉食系です。八重と峰はどこか同じＤＮＡを共有している感があります。

（東北百貨店協会幹部会、仙台国際ホテル、二〇一三年四月二五日）

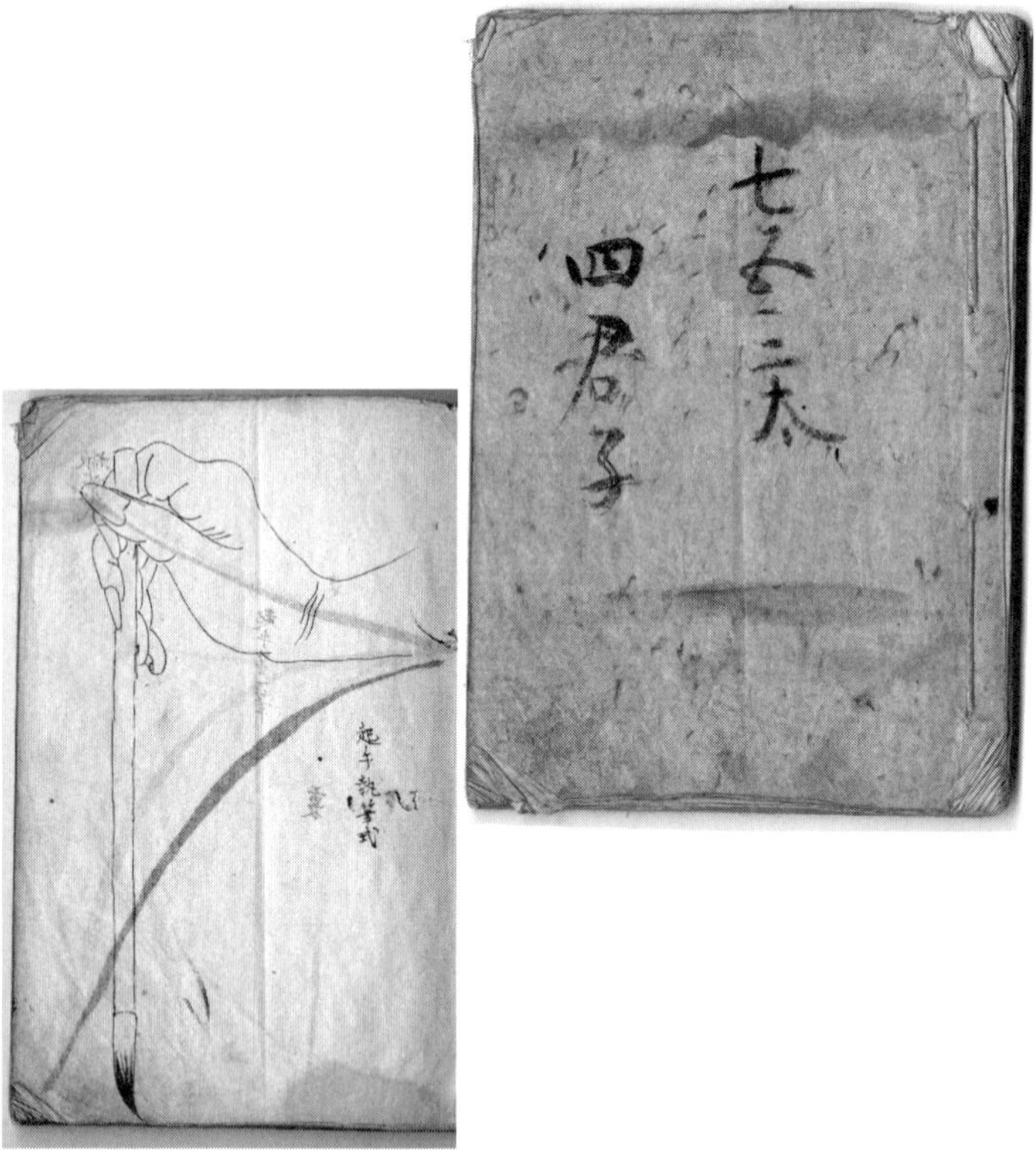

新島七五三太「四君子図」から

少年時の新島の練習画帳（新島学園所蔵）。2013年春、群馬県立土屋文明記念文学館の「襄と八重の上州」展で、初公開された。本書の表紙カバーで紹介した「梅」を含めて、全部で4種の草木と、筆の絵が収めてある。

「四君子《しくんし》」とは、中国ではラン（春）、竹（夏）、菊（秋）、梅（冬）を指す。草木の中でもっとも君子らしい品を備えているから、古来から愛好されたという。桜が落ちて、梅が入っているのが、面白い。同種の画題、「歳寒三友《さいかんさんゆう》」も、松、竹、梅である。ここでも、やはり桜は除外されている。

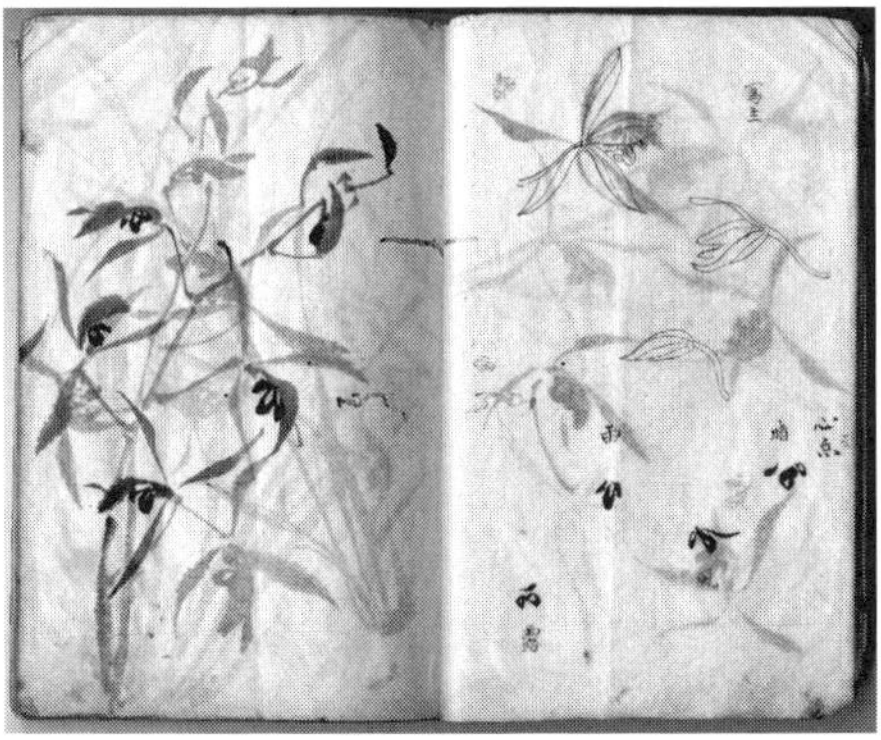

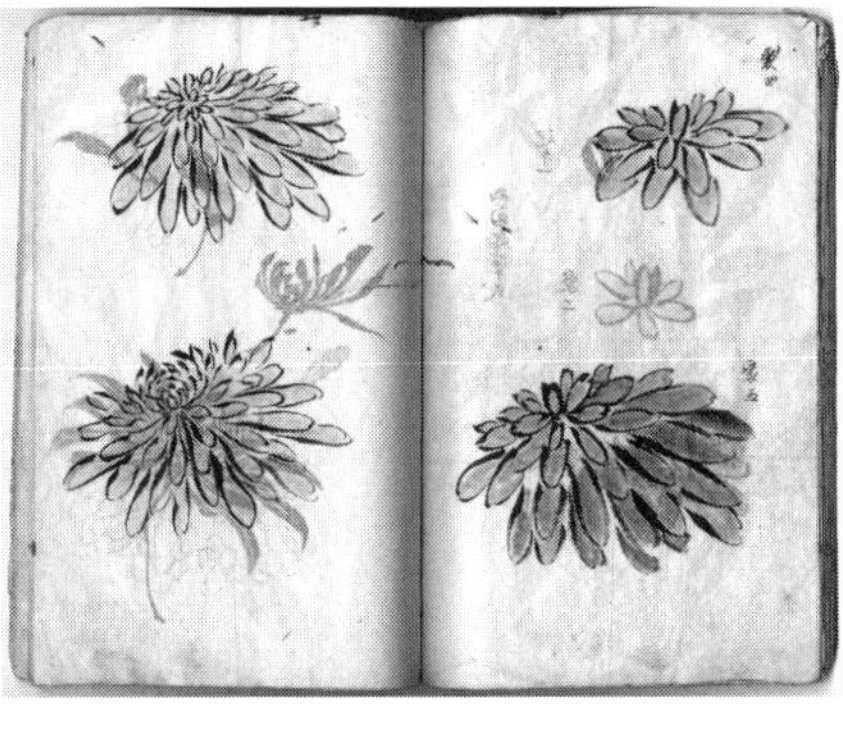

新島家の子孫たち

——公義、得夫、公一——

新島襄の子孫

「新島家の子孫は？」とよく聞かれます。

とりわけ、ここは新島襄が生まれた場所ですから、皆さまの中にも同じ疑問をお持ちの方が、いらっしゃるんじゃないでしょうか。

答えは「いません」。ですが、これはちょっと荒っぽい答え方で、ズバリ正解とは言えません。血のつながった正統の「子孫」こそ、不在ですが、跡を継いだ嗣子《しし》がいるからです。

新島家は襄の生前から、養子（新島公義）を取っています。今日はせっかくの機会ですから、その家系がどうなっているのか、お話しします。

新島は、ここにあった上州安中《あんなか》藩邸で生まれ、育ちましたから、江戸っ子です。ただ、父親が安中藩士でしたから、生粋の神田っ子じゃありません。戸籍的に言えば「上州系江戸っ子」です。

神田からボストンへ

二十一歳で函館から密出国するまで、襄はサムライとしてここで暮らしました。そして、函館出港後、一年かかってようやくボストンへ着くことができました。神田からボストンまでの行程《みちのり》は、合計するとほぼ一年五か月になります。

襄がいなくなった新島家では、長男（襄）の弟、双六《そうろく》が跡目を継ぎます。しかし、まもなく若死にします。新島家は、双六が亡くなる一週間前に、外（近在の植栗《うえぐり》家）から養子を迎えます。それが、公義です。襄からすれば、弟の子ですから、義理の甥っ子に相当します。

襄が横浜に帰国したときには、公義は十三歳になったところでした。ですから、公義は法的には嫡《ちゃく》男《なん》ではあっても、実質は長男だった襄（すでに三十一歳でした）から何かと世話を受ける、という微妙な立場に置かれます。さらに、何かにつけて襄と比較される、という目にも幾度となく遇ったことも、事実です。

八重の子孫

公義にとってさらに辛いことに、広津家との「確執」があります。八重の「子孫」（家系）との折り合いです。

襄の死後、八重は三人の養子を取ります。なかでも、一番可愛がり、頼りにしたのが、新島初（旧姓は甘糟で、米沢の出身）です。初は、同志社卒業生の広津友信と結婚し、広津初となります。

八重の後半生、とりわけ最晩年の遺産相続や遺書作成、さらには葬儀執行などに関しては、八重はいっさいを広津家に依存します。新島家の出る幕はありませんでした。

八重は、孫（初の子）に「襄次」という名をつけて、同志社校長になる夢を託します。これに対して、新島家から後継ぎを出す意図も期待も、八重にはほとんどなかったようです。

八重と広津家に関しては、すでに紹介しました（拙著『八重さん、お乗りになりますか』参照）。で、今日はもっぱら新島家の末裔の話をします。

新島公義の略歴

まず、双六の跡を継いだ新島公義とは誰か、です。新島家や同志社にとって大事な人物ですから、さすがに『日本キリスト教歴史大事典』が「新島公義」（杉井六郎《むつろう》執筆）を立項しています（一〇一七頁、教文館、一九八八年）。こうです。

新島公義（にいじま　こうぎ）一八六一年一一月二六日（文久元年一月一〇日）～一九二四年五月一八日

伝道師。安中藩の中小姓、植栗義達の次男。梂弥、のち公義と改める。一八七一年三月、新島襄の弟、双六の養子となり、新島家を継ぐ。一八七七年八月、群馬県で小学校訓導（教員）を務めた後、一八七八年八月、京都寺町通丸太町の裏方に移り、同志社英学校に入学。

一八八〇年一月四日、宣教師、M・L・ゴードンから受洗、西京第二公会（現同志社教会）に入会。五月に学級合併に反対するストライキ、ならびに襄の「自責の杖」事件の後、退学する徳富猪一郎

（蘇峰）らに同調しようとしたが、襄にとどめられる。一八八三年六月、三宅荒毅《あらき》、小崎継憲、津田元親《もとちか》、辻密太郎らと卒業。

一八八四年四月、「同志社英学校設立ノ始末」を執筆。襄の第二回欧米旅行中、一八八五年十二月まで明治専門学校（同志社）設立の渉外事務を担当。その後、日本基督《キリスト》伝道会社の伝道師として、一八九〇年五月まで三重県津、奈良地方（大和郡山）の伝道に携り、一方で襄の代理として、大学設立〔募金〕運動や教会合同問題に対処した。

襄の死後、一八九〇年八月、長野の常住伝道師となり、越後高田（現上越市）、信州小諸《こもろ》の巡回伝道師を行い、一八九一年、（越後の）長岡教会の伝道師となったが、翌年四月、辞任。その後は実業界に入った。東京で死去。

「こうぎ」か「きみよし」か

この事典では、「こうぎ」と読んでいます。時に「きみよし」とも読まれます。じゃ、どちらが正しいのか。

私は自信がありませんでしたから、共編『現代語で読む新島襄』（丸善、二〇〇〇年）でも、同志社編『新島襄の手紙』（岩波文庫、二〇〇五年）でも、本文に出て来る「公義」にルビ（振り仮名）をつけませんでした。

その後、公義の孫にあたる公一《こういち》氏から「私どもはこうぎ、と言っています」との証言を得ました。

あらためて調べてみると、本人も「新しま公ぎ」と署名してるケースがあるじゃないですか（⑨上、三四五）。そこで、先月（二〇一三年三月）に出した同志社編『新島襄自伝』（岩波文庫）では、自信をもって「こうぎ」と振りました。

ちなみに、公一氏は、公義の長男（新島得夫）の長男、つまり公義の孫にあたる方です。現在、新島家のご当主であり、同志社「社友」でもあります（本書口絵⑦）。得夫の甥にあたる新島昌泰氏と共に、この二、三年、私が担当した同志社東京講座「新島夫妻を語る」を熱心に受講されましたので、私もいろいろお尋ねする機会が増えました。おふたりとも東京都在住です。

新島得夫のインタビュー記事

ところで、先の事典では、公義の主たる職名は、「伝道師」となっています。たしかに前半生はそうでしょう。ただ、同志社を卒業後、同志社職員となってしばらくは、大学設立運動などで働いています。やはり襄の後継者、あるいは代理としての働きが、周囲からは期待されていたからでしょうね。伝道師として、奈良、三重、長野、新潟で開拓伝道にあたったのは、それからです。後半生は、実業家に転身しました。

さいわい、実業界での履歴を補ってくれる資料があります。というよりも、公義の生涯を同志社や新島夫妻に即して語った証言です。しかも、身内から見た消息ですから、貴重です。

語り手は、公義の長男である新島得夫（当時は同志社の社友）、聞き手は河野仁昭（当時は同志社社史史料編集所主任）です。いまから三十年前（一九八三年七月四日）に、同志社東京オフィス（銀座の教文館・聖書館ビル）で行なわれた聞き書きです。

これは、文字にちゃんと起こされ、『同志社時報』七五（六七～七五頁、学校法人同志社、一九八三年一〇月）に載りました。それが、「インタビュー・ルーム　新島得夫氏（社友）に聞く　父・公義と新島家」と題する記事です。

いまとなっては実に貴重な記録です。実際に交流のあった八重のことも、ちゃんと話題になっていますから、今の時点でも紹介する価値は高いです。

息子から見た公義

このインタビュー記事は、財界での公義の遍歴が中心です。で、そのあたりの内容を要約してみます（原文は、「　」で引用し、私の注は（　）で包《くる》みます）。

一八七六年に安中（群馬県）から京都の同志社英学校へ入る以前の公義は、「師範学校を卒業して、郷里〔安中〕で小学校の先生をしております。卒業証書や辞令が残っています」。

この点を他の資料から、さらに補充します。公義は一八七五年五月二十五日に安中中学校を卒業して（⑧一四四）、秋には師範学校へ入学しています。京都でその知らせを受けた新島は、「私ニ施テ甚満足」と悦んだうえ、さらに「当人儀、勉励一人前之《の》人間となり、新島家を相続致し御呉望居候」と願っています（③一三七）。

インタビュー記事に戻ります。一八八三年に同志社英学校を卒業してからは、新島家の跡取りだけに「庶務主事」として同志社職員になります。その後、奈良や〔津、長野、〕新潟で伝道に励みますが、襄の死後は伝道界から抜け出ます。襄の死と言えば、大磯での臨終の床に京都から公義が駆けつけた時には、中村が同行しています（中村栄助『九拾年』一一二頁、私家版、一九八三年）。

実業家としては、京都（住んだのは下鴨、五条）を皮切りに、大阪、東京で活動します。樺太（カラフト）にも三年いたといいます。京都では、同志社の有力理事であった中村栄助が、第一回総選挙に出馬するときの選挙参謀（事務長）を公義が務めています。その後、中村の斡旋により京都鉄道株式会社に就職し、一八九八年七月まで在職。それからは、「あちこちの会社を三年ぐらいで転々と変わった」といいます。

財界を渡り歩く

どんな会社かといいますと、公義は同志社の卒業生だけに、英語力を見込まれて、保険会社で外国人相手の仕事をしたり、外資系の石油会社（ヴァキューム・オイル・カンパニ）に雇用されたりします。同志社卒業生（山本唯三郎）の木材会社で働いたこともあります。このように「いろいろやるんだが、続かない」。

山本という企業家は、いわゆる「船成金《なりきん》」の典型で、母校の同志社に図書館（現啓明館）を寄付したり、二百人以上を引き連れて、朝鮮へ虎退治に行ったことでも有名です。世間では「虎大尽《とらだいじん》」と言って持て囃《はや》しました。

公義も虎狩りの一行に加わったひとりです。「その人について朝鮮へ行って、『虎狩りをして、虎の血を飲んできた』なんて、父は言ってました」。晩年も、山本が東京で経営する京橋会館の支配人を公義は務めます（山本については、拙稿「同志社人物誌　九〇　山本唯三郎」、『同志社時報』一一八、二〇〇四年一〇月を参照）。

先輩からの援助

東京時代は、生活が苦しかったようです。徳富蘇峰や小崎弘道、海老名弾正《だんじょう》といった同志社初期の卒業生のところへ、父は「よく行っていたが、あれはきっとねだりに行ってたんだ」。同じく卒業生で、高輪に住んでいた上野栄三郎（日本興業銀行総裁）の家にも「〔小学生の〕私は使いにやらされたことがあるんです。封筒をもらって帰ったことがありました。中味はお金なんですよ」。

そうこうするうちに関東大震災（一九二三年）です。この時の怪我が原因で、翌年五月十六日に東京で死去しました。まだ五十代半ばでした。残された家族の生計を心配して、中村栄助が遺族を京都へ呼びました。中村は、新島襄への恩返しのつもりで、遺族の面倒を見たのでしょうね。

以上が、得夫氏から見た公義のざっとした経歴です。

新島得夫の略歴

次に得夫その人の経歴も、同じくインタビュー記事からまとめておきます。

一八九七年、京都府愛宕郡《あたごぐん》下鴨村（現京都市左京区下鴨宮崎町）で生まれ、やがて同志社幼稚園へ入園。卒園するころ、一家して五条にあった中村栄助の借家に引っ越したので、小学校は五条富小路《とみのこうじ》の有隣小学校でした。中村は、終生、得夫の父親（公義）の世話をよくみた財界人です。

得夫は三年生のとき、父親の東京転勤に伴い、麻布の尋常小学校へ転校します。中学校は進学校として売っていた芝中学校（浄土宗増上寺の境内）です。父は、「落ちぶれちゃって、学資も出せない」ので、同志社へ行け、とは言わなかったといいます。

学資が続かなかったのか、進路変更を余儀なくされたのか、止むをえず芝中学校を退学して、東京商工学校へ入り直しました。卒業してからは、三菱銀行に就職します。以後、父親と同じく、経済界で活躍します。最後は、日本マタイ（麻袋）株式会社の常務でした。

夫人の実家（福谷家）で得夫と面談したことのある人が、得夫は「温厚篤実がぴったりの紳士」で、「忘れられない方のひとり」と称讃しています。

得夫と八重

それじゃインタビューの本文紹介に移ります。もっとも面白い箇所から引用します。「八重の桜」が放映中ですから、何と言っても、季節がら八重情報でしょう。そこで、ここは要約じゃなくて、発言通りの原文をそのまま引用します。○は河野氏の質問です。

○　ところで、八重さんのことで、何かご記憶に残っていることは、ございませんか。いろいろおありじゃないかと思うんですが。私どもは、八重さんの資料がなくて、困っているんです。

新島　いや。これといってないんです。私はたまに仕立物を届けに〔新島旧邸に〕行く程度だったから。

○　仕立物というのは？

新島　〔私が〕東京から京都へ移ってからのことだけれども、母〔新島かず〕が八重さんから頼まれて、着物を仕立てるのです。

○　八重さんが、持って頼みに来られるわけですか。

新島　人にことづけてね。それができると、私が持って行った。すると、「ありがとう」といって受け取る。

○　それだけですか。

新島　それだけです。いつも。

疎遠な親戚付き合い

○　親戚づきあいは、なかったんですか。

新島　あまりなかったですね。

〔私が勤めていた〕三菱銀行の〔京都〕支店長が、建仁寺《けんにんじ》へ参禅に行かれたとき、そこで八重さんに会ったら、「新島〔得夫〕はどうしていますか」とたずねられたそうです。

そんなこととか、「どうしているか」といったことづけは、たまにありましたが、どちらからともなく、行ったり来たりということは、なかった。

○　お父さん〔新島公義〕が、お元気なときから？

新島　そうだと思います。父は、自分は落ちぶれたんだ、と思っていましたから、自分から出掛けていくということはなかったようです。それで私たち子供もね。

○　八重さんは、お茶を教えたりして、お一人で生活しておられたんでしょう。〔新島〕旧邸には、いまでも茶室がありますよ。

新島　そうですか。建仁寺へ〔参禅や茶会のために〕ちょいちょい行ってるとか、なんでも〔経済的にも〕同志社に随分ご厄介になっているときいていました。家のことなどでも、「あそこを直せ、ここを直せ」といったり――。

同志社の人から、そういう話をききました。

○　ああ、それはお家も宅地も、明治の終り〔一九〇七年十一月〕に全部、同志社へ寄付なさって、同志社からたしか年金百円〔養老金として年額六百円〕を差し上げていたようです。生活費だったんじゃないでしょうか。

そのときから、家も庭も同志社の所有物件になってしまったんですから、「直してほしい」といわれるのは、当然だと思うのです。明治十一〔一八七八〕年に建てた家ですから、ぼつぼつ、いたんできてもいたでしょうしね。

八重さんは、〔新島の死後は、ほとんどの期間〕ながく一人で住まわれて、昭和七〔一九三二〕年六月に亡くなられますね。

「八重は遠い人」

新島　私はそのとき、京都にいましたから、よく知っています。葬式は私たち〔新島家の者〕がやってあげなきゃいかんもの、と思っていたのですが、八重さんの遺言だからと言って、すべて広津〔友信〕さんという方が、取り仕切っているんです。
○　同志社の社葬〔学校葬〕だったからではないですか〔学校葬であれば、むしろ広津の出番はない。広津は早くに同志社教員を退職していた〕。
新島　そうですか。私たちは、なにひとつ、することがなかったのです。やはり〔八重は〕遠い人だった、という感じでしたア。
○　広津というのは、新島襄先生が大磯で亡くなられるとき、新潟で伝道をしていた卒業生の広津友信ですか。
新島　そうだと思います。若王子《にゃくおうじ》の〔同志社〕墓地に、その方のお墓がありますね。

○　松山高吉《こうきち》の墓の右側ですか。

新島　そうです。

遠縁に速水藤助教授

○　京都に住んでおられても、同志社を訪ねられることは、あまりなかったわけですか。

新島　いや、遠縁に当たる〔同志社大学予科教授。後に予科長の〕速水藤助・静枝夫婦が、同志社の烏丸《からすま》通りをへだてた向かい側〔現室町キャンパス〕の、〔同志社〕中学校の寮〔北寮〕かなにかの一棟にいましたので、そこへはよく遊びに行きました。〔中略〕

静枝というのは、新島家と血のつながりあるものだから〔襄の姉・時子の孫〕、私が遊びに行くと、学校の中を案内してくれるんだ。〔中略〕

○　静枝さんに案内していただくような機会にしか、校内へは入られなかったんですか。

新島　まア、そうだな。

○　襄先生が創られて、お父さんも勉強された学校なんですけどね。新島家ほど、関係のふかい方は、ほかにいらっしゃらないのに。

新島　でも、どうも、きまりが悪いから。うちが落ちぶれた、と思っていたからね。だから、なるべく近寄らないように、ということでね。

○　それは、お父さんが？

新島　父もだけど――。
○　速水藤助さんとは、お話なさったんでしょう。
新島　それはしました。でも、学校のことは、あまり話をしなかったなァ。私もたずねもしなかったから。〔中略〕
新島　速水夫婦には、子供がなかったのです。それで、養女〔西村家の三女、和子〕をもらって育てたんだけれども、嫁〔夫は基夫〕に出しちゃったから、夫婦だけになってしまったのです〔基夫・和子夫妻には、一男一女が誕生〕。
○　新島先生のご関係の方で、同志社に関係されたのは、速水先生が最後ですね。
新島　そうです。

公義・得夫・公一

○　新島家のご関係の方では、新島公義さん・得夫さん、そしてご子息の公一さん。それ以外に、どういう方がいらっしゃるんですか。
新島　襄先生の女きょうだいでは、一人は嫁に行って広島で住んでおり、ひとりは静岡に住んでいたときいてはいましたが。広島に住んでおられた人は、胸を病んで亡くなった、とききました。
○　じゃあ、淋しいですね。でも、公義さんが雙六《そうろく》さんのご養子として新島家をつがれて、それから今日に至っておいでになるわけですから。

新島　父・公義が新島家を継いだとはいうものの、曽祖父（民治《たみじ》）さんたちは、襄先生の方でご厄介になったんだから。うちの父は、家を継いだけど、大事にしなかったのかねえ。

○　大事にしなかった、というよりも、お父さんはまだお若くて、民治さんたちと一緒に襄先生のお家に住まれて、最初の何年かは〔新島襄が校長をしていた同志社〕英学校へ通われた〔学生だった〕わけですから。

新島　襄先生のお家〔新島旧邸〕の門のところに、平屋〔付属屋〕があるでしょう。あそこに住んでいたのです。

○　そうですね。襄先生がご健在であったころでしょう。曽祖父の民治さんは、明治二十年一月〔一八八七年一月三十日〕に、曾祖母のとみ〔登美〕さんは、明治二十九年〔一八九六年一月七日〕にあそこで亡くなられたんですね。

新島　そうです。

○　公義さんや民治さんたちを〔一八七六年四月二十六日に〕安中から〔最初の借家である岩橋家の離れ屋敷へ〕呼ばれたのは襄先生で、先生としては脱国したりして心配をかけたから、皆で一緒にお住みになりたかったんでしょうね〔その二年後、現新島旧邸が竣工して、移る〕。

お父さんの公義さんとしては、まだ〔学生で〕若かったということもございますけど、新島家を継いでいるとはいうものの、襄先生が民治さんたちの実子であり、長男ですから、できるかぎり、襄先生や曽祖父母さんのご意思に従う、という生活をされたのではないでしょうか。何かにつけて、気をつかわれただろうと思いますね。

新島　そういうことはあっただろうね。

よそよそしい関係

○　あったと思いますよ。でもいまは、新島家といえば、新島さんのおうちしかないわけですから。

新島　襄先生には、子供がなかったからね。

○　同志社といまの新島家の関係をどう考えればいいか、どうすればいいか。そういうことをとやかく申し上げる資格は、私にはございませんけど、時代が変わりましたけれども、両者がよそよそしいというのは、あまりいいこととは、思いませんね〔公義の死亡記事にしても、『同志社時報』二二一（一九二四年七月）では「五月十八日、永眠せらる。弔意表す」と素気ない〕。これは同志社への注文ですけれども。

新島さんは毎年、若王子へお墓参りにきておられるそうですね。今年〔一九八三年〕の四月にも来られたとか。

新島　はい、行きました。八重子おばあさんの五十周年忌年にね。一年に一回は行かなきゃと思っているんだが、だんだん脚が弱っちゃってね。

○　あの坂道をお一人で登られるというので、皆さん、驚いていました。

新島　いや、駄目だ。もう駄目だな（笑）。でもまア、家のことやお墓のことを息子たちにも教えておかなきゃいかん、と思ってね。

公義の結婚

いかがでしたか。なかなか臨場感ある記事ですよね。身内だけが知る「ここだけの話」もあります。このインタビュー記事には、公義夫人に関する発言も拾ってありました。夫人の名は「かず」で、写真も掲載されています。八十四歳まで長生きをして、一九五九年六月十九日に亡くなったとあります。

新島昌泰氏からいただいた新島家の系図では、彼女は滋賀県野洲《やす》郡祇王《ぎおう》村の福谷三郎兵衛・すま夫妻の長女です。同家では「加寿」と伝わっています。姪の浅海喜子（旧姓は福谷）さんは、同志社高等女学部の卒業生です（『同窓会報』五二、二八頁。同志社同窓会）。

昨年、百二歳で亡くなられた浅海さんの回想は、愉快です――新島夫妻の性格は対照的で、八重は気丈、襄は優しくて周囲への気配りが凄かったとか。たとえば、長期出張からの帰宅が深夜に及んだ場合、襄は市内でわざわざ一泊し、翌日、ほどよい時間を見計らって自宅に戻ります。これは、当時、かなりよく知られたことらしいですね。また、襄が、いつも夫人を「八重さん」と呼んでいたことも、周囲にはびっくり仰天だったらしいです（同前五二、二八頁）。

さらに家族の間では、公義と加寿の結婚式は、京都市長が媒酌人を務めた、と伝わっています。事実ならば、亡き襄の「威光」がまだ健在だったのでしょうか。初代の市長は、内貴《ないき》甚三郎といい、一八九八年の就任ですから、結婚式がそれ以前ならば、北垣国道知事（任期は一八八一年～一八九二年）の可能性があります。北垣なら、新島との交流が密でしたから、可能性は大いにありです。

河合某嬢との婚約

公義の結婚についての詳細は不明なんですが、最初はどうやら別の女性との婚約、結婚の話が進められていたようです。襄が公義に出した手紙（一八八九年一二月一四日付）から、そのあたりの消息が窺えます。相手は奈良（公義の赴任地でした）に住む河合家の令嬢です。

「貴君細君ノ事ハ、大失望ノ至、甚御気ノ毒ニ存候。乍去《さりながら》、新潟ニ至ル〔赴任する〕前ニ、セメテエンゲージ〔婚約〕スルナラハ、神戸之《の》鈴木清君ニ御依頼アリテハ、如何。同氏ハ、貴君之御依頼トアレハ、随分可然《しかるべき》佳人ヲ御世話可申候ト存候。佳人トハ、心ノ佳人ナル意ナリ。表面上ノ佳人ノ意ニアラス」（④二六五）。

「細君」とありますから、河合某嬢との結婚（婚約）が、どうやら破綻、あるいは破談になったようですね。だから、新島は、あらたな婚約を提唱しています。これを受けて、公義は、「エンゲージ一件ハ、神戸〔の鈴木清〕ニ何トカ相謀リ可申候《もうすべきそうろう》」と返信しております（⑨下、一一九〇）。

鈴木という人は、神戸教会の創立者のひとりで、早くから新島とも交流がありました。クリスチャン実業家として活躍する一方で、神戸女学院や同志社のサポーターでもありました。公義の「婚活」についても、新島は彼の人脈や顔の広さに期待していたというわけです。

結納《ゆいのう》

ところで、最初の「細君」との婚約が成立したのは、前年（一八八八年）九月のことです。当時、安中滞在中の新島夫妻は、奈良の公義から手紙でその件を知らされます。新島は「今回之《の》果報」、「河合様御家族へよろしく」とさっそく返信しております。翌日は八重が公義の出身地（安中近在の国衙《こくが》。現松井田町）へ出向くともあります（③六三五）。

おそらく、公義の実家であった植栗家と結納の相談をするためでしょう。すでにこれ以前に公義の母親は、この夏、国衙から伊香保に出て来て、同地で避暑中の新島夫妻といっしょに三週間ほど、滞在しています（③六三三）。

公義へ先の手紙を出した四日後、新島は再び公義に「今回之報道は、私共大満足」と書き送っています（③六三五）。同時に公義の求めに応じて、すぐに河合家に手紙を出したことを告げ、「弥《いよいよ》双方談判之相整候上ハ、多分、日本流ノユイノウを為サネハナラヌ事と存じ候。左スレハ、私共、何ソ工風〔工夫〕致シ、帯地一筋デモ進上可致積ニ候」と記しています（③六三八）。

子どものいない新島夫妻にとって、公義は実子に代わるような存在です。だからこそ結納のことも、親代わりにあれこれ気を配っています。それだけに夫婦ふたりして「息子」の結婚には、祝福と期待を寄せたことでしょうね。気が早ければ、「孫」の誕生まで夢見たかもしれません。

婚約者のその後

それが、翌年には破談です。その原因は、河合某嬢なる人物と同様に、よく分かっていません。かろうじて分かっているのは、婚約者が、河合淡という人の娘であることだけです。淡という人は、地元、あるいは土地の教会の有力者らしく、新島に宛てた手紙が残っています（⑨下、一二八四）。公義宛ての新島の手紙にも、名前はよく出てきます（③四四六、五一二、五七一、六三五、六三九、六六五、④三一五、三八三）。なかでも同家の環という少年は、同志社予備校を受験、入学（その後、中退）するさい、新島家に一時やっかいになっています（③五一二）。

河合淡の娘との結婚は、なぜ成立しなかったのか、それを窺わせてくれる資料があります。「こんなものが出てきました」と最近になって、新島公一氏から見せてもらいました。宮川経輝《つねてる》（大阪教会牧師で、公義の先輩卒業生です）が「新島公義大兄」に宛てた手紙です。

内容は、「河合愛姉《あいし》」が「殊ノ外、御重症」だというのです。見舞いに出向きたいが、なにぶん、遠方なのでそれも叶わない、といった内容です。手紙の日付は四月二日。残念ながら、封筒（消印）も年次の記入もありません。ですが、一八八九年の春ではないか、と推察します。

結婚に至らず

そこで、決め手になるような別の資料がないか探してみました。ありました。新島遺品庫に眠っていました。市原盛宏《もりひろ》（宮川の同級生でした）の手紙です。仙台の同志社分校（東華学校）に副校長として赴任していた市原に、公義が送った手紙の返信でした。発信の日付は一八八九年の四月二十七日です。奈良の大和郵便局が押した消印には、「五月二日イ便」とあります。

内容が衝撃的です。「過日ハ御尊書ニ接シ拝詳仕リ候処、兼テ偕老之《かいろうの》御約束ありし令嬢には、思懸なく御逝去被成候由、誠に驚愕仕候」というのですから。

なぜ、公義が仙台の市原に、婚約者の死去を知らせたのか、よくわかりません。あるいは、市原が結婚の仲介者か仲人だったのでしょうか。

それにしても、四月早々の「河合愛姉」は、「御重症」でしたね。この時点で回復の見込みは、すでに少なかったようです。その後、日は特定できませんが、四月中、下旬に至って、ついに召天に及んだ、ということになります。

したがって、「貴君細君ノ事ハ、大失望ノ至、甚御気ノ毒ニ存候」という（先に紹介した）新島襄の手紙は、永眠から七か月後のものになります。ここで言う「細君」は、将来の「細君」、つまりは婚約者のことです。死去した河合某嬢について、市原は「偕老之御約束ありし令嬢」と書いていますから。「偕老之御約束」だけなら、すでに夫婦になっていた、とも取れますが、「令嬢」ですから、まだ結婚してはいません。やはり婚約が破談したと見るべきです。

だから、新島としても、新天地（新潟）へ赴任する前に身を固めるために、そろそろ次の婚約・結婚（初婚です）を考えたほうがいい、と助言したかったのですね。

以上の動向は、『新島襄全集』に収録されている襄と公義の往復書簡（六十通もあります）からは、これまで浮かんでこなかった事実です（拙稿「新島襄に関する新資料の紹介」九五〜九九頁、『同志社談叢』二九、同志社社史資料センター、二〇〇九年三月）。

「熊本バンド」

公義の結婚（婚約）とともに、先のインタビュー記事で漏れている大事なことが、もうひとつあります。いわゆる「熊本バンド」との確執です。

「熊本バンド」というのは、日本のキリスト教史上、有名なグループで、熊本洋学校から初期の同志社に転校した学生集団を指します。小崎弘道、海老名弾正、浮田和民、山崎為徳《ためのり》、横井時雄といった人が有名です。公義と交信のあった市原や宮川もそうです（「熊本バンド」については、拙著『新島襄と徳富蘇峰―熊本バンド、中江兆民、福沢諭吉をめぐって―』晃洋書房、二〇〇二年、拙著『徳富蘇峰の師友たち―「神戸バンド」と「熊本バンド」―』教文館、二〇一三年、を参照）。

彼らの一部は、山崎や横井といった俊才ですが、東大（前身校はここで生まれていますね）に来ました。が、反キリスト教的な校風に失望して、まもなく同志社に転校し、先に入学していた同期生や後輩に合流します。山崎なんか、東大に残っておれば、学士は言うにおよばず、博士や教授になれたはずです。

いずれにせよ、彼らは公義の同志社在学中には教員として、卒業後は先輩として公義の指導やら援助をいたします。とりわけ、東京における貧窮時代に公義を経済的にサポートしたのは、主として小崎、海老名、それに徳富蘇峰といった「熊本バンド」の面々です。

が、青年時代の公義は、逆に彼らの一部からイジワルされたりしております。

教会合同運動の波紋

その背景には、新島襄の最晩年に発生した「教会合同運動」があります。当時の代表的なプロテスタント教会（教派）である一致教会（長老派）と組合教会（会衆派）を合同させようとする試みです。

後者の組合教会というのが、同志社系の教派で、そのリーダーが新島や小崎、海老名たちです。合同に対して、新島は慎重な姿勢をとりましたので、推進派の教え子たち（「熊本バンド」）と対立いたしました。そのトバッチリを受けたのが公義であった、というわけです。

公義は当時、組合教会に属する青年伝道師として地方（大和郡山）で活動中でしたから、教派の中枢（日本基督伝道会社）にいた新島や「熊本バンド」の支配下とはいわないまでも、差配を受ける立場にありました。

江戸の仇《かたき》を長崎で

教会合同運動では、小崎たち推進派は、恩師の新島に弓を引いた格好になります。彼らにしてみれば、巨頭ともいうべき新島は手ごわいので、まず周辺の弱者から攻めるのが有効——というので、狙われたのが公義だった、というわけです。

もしも「将を射んと欲すれば、先ず馬を射よ」が的外《まとはず》れとすると、それじゃ「江戸の仇を長崎で」です。新島を非難攻撃する代わりに公義が攻められました。具体的に言うと、差別的とも言える人事案が持ち上がります。

新島から見れば、この仕打ちはひどい冷遇措置にほかなりません。「伝道地を軽率に左右したる如き取扱ヒ」ですから（④二七九）。推進派のリーダーたちは、公義を奈良から宮崎に追いやろうとしている、というのです（詳しくは、拙著『新島襄と徳富蘇峰』一一六頁以下）。

公義と八重の仲

これに関連して、最近になって判明した消息があります。八重と公義をめぐるよからぬ「風評」です。なかには、直接、新島に「一大忠告」をする者もいました。新島としては、両者を信頼しているだけに、たまらない気持ちだったはずです。

これまた、先に紹介した教会合同運動をめぐる抗争から派生したトバッチリ、あるいは火の粉、というふうに新島は受け止めます（拙著『八重さん、お乗りになりますか』四一頁以下）。

公義を京都、奈良からできるだけ遠くへ飛ばすべき、という人事案が指導者たちの間で話題になったのは、こうした八重との関係（不倫？）を考慮した結果だ、と見ることができます。

これが事実とするならば、公義の身の振り方は、本人の預かり知らぬ所で、決められようとしていました。二重の意味で差別的な処置になりかねません。

公義の転身

こうした処遇に対して、新島は憤激します。しかし、その一方で、嫌気がさしたのか、問題解決のために、別案を考えます。腹心の蘇峰に「公義一身上ノ進退」問題を持ちかけます。

「同氏〔公義〕ハ何ニヤラ伝道会社〔組合教会の全国伝道機関〕ノ先生方〔幹部牧師〕トハ相合《あいあわ》ス、又、容《い》レラレス。種々無根ノ空評ヲ採用セラレ、同人ヲ目シテ、或ルモノハ姦通セリナト申ス輩《やから》モ有之《ありこれ》」と慨嘆しています。

「姦通」風評とは辛いですね。公義が「熊本バンド」から「一切、容《いれ》ラレス」という状況を考えると、かの「連中ノ直轄《ちょっかつ》ヲ脱セシ方」が、かえって本人の幸福《ため》になる、との判断を下します。そこで、このうえは、「断然、伝道ハ止メサセ度候《たくそうろう》」。こうして新島は蘇峰に、「新聞之探訪」（記者）か「商法」（企業）の就職斡旋を依頼します（④一七七）。

公義の迷い

一方、公義自身ですが、進路選択に関しては、正直、迷います。幹部（先輩牧師たち）との「従来ノ面白カラヌ関係」を思うと（④二八〇）、「伝道会社ヲ去テ、新聞ニ従事スル事ヲ断行スベキカ、小子、伝道ノ志《こころざ》シナキニ非《あらざ》レバ、熟考中」と新島に胸の苦衷を打ち明けます（⑨下一一二〇）。

結果的に、公義はまもなく伝道師をやめ、「商法」の世界へと転進します。以後の後半生は、ひたすら経済活動です。こうして新島の「子孫」は、襄が挺身した教育者（同志社）や牧師（教会）として生きる世界ではなく、それから遠く離れた世界へと羽ばたいて行きます。

ご当地から世界へ雄飛した新島ですが、彼が飛び出した安中藩邸の跡地に出来たのが、同志社ではなく、東大（前身校）である、というのも奇しきことです。さらに、その後に学士会館が建てられるのも、なにかの縁でしょうね。

新島は、「学士号」（理学士）を得た最初の日本人です。アメリカの名門大学、アーモスト大学を一八七〇年に出た歴《れっき》とした「学士さま」なんです。ただし、皆さまのように旧帝大を出た学士じゃありませんから、学士会に入る資格がないのが、ちょっと残念です。

（学士会夕食会、神田一ツ橋・学士会館、二〇一三年四月一〇日）

かごの鳥VS空の鳥
――自由に生きる――

♪ Free as a Bird

郷隼人《ごうはやと》って、知ってますか。歌人です。歌集も出しています。先月（二〇〇八年十月）十三日、『朝日新聞』の「天声人語」が、彼の作品を一首、取り上げていました。「朝日歌壇」のデビュー作で、十二年前（一九九六年）の短歌です。

四人のひとり飛び降り自殺せし夜に
　Free as a Bird ビートルズは唄う

私が、郷さんの名前を初めて知ったのは、数年前のクラス会です。同志社中学校の同級生（三年Aクラス）が、宝が池のホテルで同窓会を開いた折、元担任の児玉操《みさお》先生から聞きました。先生はすでに九十歳代。ですが、元気、元気。

児玉さんは英語の先生でしたから、退職後、気に入った外国の本やら、良寛の歌などの翻訳に取り組まれました（ちなみに、私は彼女の良寛翻訳本の書評を、最近、ある新聞に出しました。参考までに後ろ〔本書二五六頁以下〕に転載しておきます）。

児玉さんは、今は郷隼人の短歌の英訳に夢中です。「朝日歌壇に時々出るから、みんなも読みなさい」と還暦を過ぎた我々初老の教え子たちに発破をかけます。以来、私も時折、『朝日新聞』の短歌欄で彼の名前を探すようになりました。

囚《とら》われの「ケイジド・バード」

こんな作品もあります。

獄中にいつか死ぬ為《ため》生きる我は
「かごの鳥」　ケイジド・バード

郷さんは、受刑者です。しかも、アメリカで収監中の「ケイジド・バード」(a caged bird) です。今日は、同志社女子大学園祭の開会当日ですから、浮き足立ってる方もいらっしゃるかと思います。とくにスタッフの方は、です。それに、花の女子大の礼拝にしては、今朝の話しは少し重いかも知れませんね。でも、郷さんから、大事なことが学べますので、しばらく耳を貸してください。

郷さんは鹿児島出身。ペンネームが隼人です。私は、彼の本名を知りません。若い頃に夢を抱いて渡米したものの、人を殺してしまいました。すぐにつかまり、一九八五年に終身刑の判決が出ました。以来、カリフォルニアの刑務所にすでに二十三年間、収容されています。

籠《かご》の鳥

獄中生活が長い分、人一倍、外界へのあこがれは強烈です。その気持ちが鮮烈に表白された作品があります。

獄窓に置きしえさに寄る野の鳥が
「かごの鳥」なる我を眺む

なんという皮肉。例えようもない倒錯した風景ですね、これは。人間と動物の立場が、完全に逆転しております。まるで人間動物園です。「かごの鳥」は、空を飛べないだけじゃなくて、死刑を受けるためだけに毎日を過ごします。「獄中にいつか死ぬ為生きる我」です。野の鳥には分からない辛さです。

図書館存続運動

児玉さんは、郷さんが郷里《くに》に残した老いた母親を詠んだ歌に感激して以来、作品を英訳して世に広めなければ、と思ったそうです。そればかりか、いつしか郷さんに手紙を出すようになりました。毎月、三、四通は送っています。

そうこうするうちに、郷さんが始めた図書館廃止運動にも加担します。財政難から地元の公共図書館が廃止されるのを知って、郷さんは獄中から存続を訴えました。自分の詩作の原動力であるジョン・スタインベックが読めなくなるから、というのが、主たる反対理由です。

彼はペンで陳情するだけでなく、自分の詩集五冊に現金を添えて市長に送りました。全部で五十四ドルです。今の為替レートでは、たったの五千円です。日本の高校生なら、一日のバイトで十分稼《かせ》げる額です。ですが、彼がこれだけ稼ぐには、なんと二か月もかかります。

受刑者は一週間につき三十五時間以上、働かねばなりません。一か月働いて、初めて二十七ドルの「給与」が出ます。だから五十四ドルは、まるまる二か月分の収入です。彼はそれを全額、そっくり寄付したのです。それればかりか、今後も余分に働いて得られる賃金は、図書館のために捧げたい、というのです。

獄窓からの情報発信

郷さんは、「窓からの手紙」と題してネット情報を発信しています。その中には、郷さんの歌や通信を読んだ読者からの反応やら反響が出て来ます。たとえば、星野富広さん。元体育の教師で、著名なクリスチャン詩人・画家です。両手両足の障害にもかかわらず、口に絵筆を加えてスケッチする人気のアーティストです。

画集や詩集が何冊も出ています。この人が、郷さんから活力を与えられた、と言っていますよ。さらに、自殺願望だったある女子大生が、自殺を思い止まったケースも出ています。

郷さんは信徒ではないようです。「十三年会ったことなきわが娘の　しあわせ祈る獄中チャペル」と詠んではいますが。しかし、人間として何か大事なものにすでに触れておられることは、確かですね。それが、彼の作品を読む人のこころを打つんです。

「後に続きたい」

児玉さんは、さしずめ最も熱烈な読者《ファン》です。彼女は、郷さんの図書館保存運動に賛同して、彼が書いた嘆願書を英訳するばかりか、自分でも金一封を送っています。「私は足が弱り、年金暮らしの老女です。しかし、なんとか、郷さんの後に続く者になりたいと願います」という一文を添えて、です。

それにしても、塀（へい）の外にいる人間が、塀の中に捕らわれている人の「後に続きたい」というのは、どういうことか。ここまで言える児玉さんは、えらい。言われる郷さんも同じくらい、えらい。

さらにびっくりしたことには――郷さんがネットで公表していますが、児玉先生は鹿児島に毎週、長距離電話をかけています。土曜の朝、独り暮らしの母親を電話で励ますのです。そればかりか、宅配便でしばしば京都の漬物やお菓子、それも高級品を送っています。時には扇風機やカラーテレビまで送った、といいますから、これには度肝を抜かれます。

今では、電話の回数は、もっと頻繁になってるようです。見知らぬ人に何をそこまで、しかも限られた年金収入を割いてまで――

感謝状

郷さんは二年前に児玉さんに宛てて、ネット上で表彰状を贈りました。いわく――「児玉操さんは、京都市左京区にお住まいの九十三才になられる元同志社中学校の英語教師です」。続けて、度々《たびたび》の手紙、母への電話の定期コールや差し入れなどに触れ、次の文章へとつなげます。

「これはミラクルです。奇跡です。しかし、事実です。鎌倉に住む姉も申しておりました。『今の世の中に児玉先生のようなすばらしい人間は、絶対に居《い》ないよ』と」。

この文にウソはありません。郷さんや身内ならずとも、簡単には信じられないことですが、ホントです。「感謝状」の最後には、こうあります。

「アメリカの地より、京都の方向に向かって合掌しながら、あなた様に対して心より深く深く感謝しつつ、お礼の言葉にかえさせていただきます」。

児玉さんがこんなに「すごい人」だとは、思いませんでした。五十年振りの再発見です。この老女性は、なんと生き生きと、そう、生きたいように生きておられることでしょうか。私は、中学生時代に同志社で、このような人に出会えたことに今更ながら心から感謝しました。

それにしても彼女の自由な生き方、その源はいったい何なんでしょう。同じ同志社で教鞭を取る、教え子で後輩の私には大変、気になります。

新島襄の心を心として

彼女は、新島襄の心を自分の心として郷隼人を見ている、そんな気がしてなりません。新島の「人ひとりは大切なり」の精神を地で行《い》っています。先の図書館存続の嘆願書でも、児玉さんは地元市長たちにこう申し入れています。

「あなた方は今の隼人を作り上げて下さった。良心の全身に充満した一人の男を」。

どっかで聞いた文言ですね。「良心の全身に充満したる丈夫《ますらお》」。そう、新島が理想とした青年像です。児玉さんは、ずっと年下の郷さんに尊敬の念を払っています。そして、アメリカの息子（ちなみに児玉さんの娘は、同志社中学校で私たちと同学年でした）である隼人にも新島の言葉を贈っています。

「Go, go, Hayato, in Peace. The Unseen hand will guide you. 行け、行け、隼人よ。心安らかに。見えざるみ手が、あなたを導く」。

苦闘の末、ようやくこぎつけた第一回卒業式で、新島校長が十五人の学生に贈った餞《はなむけ》の言葉、しかもその末尾を飾った周知の言葉です。Go, go, go, in Peace. Be strong ! A Mysterious hand will guide you.

襄の娘

どこから見ても、児玉操は、立派に「襄の娘」です。彼女は、十代で洗礼を受けたクリスチャンです。ですが、コチコチ派じゃありません。一見、どこにでもいる気さくなオバチャンぽい人です。福岡県の出身で、小倉の西南女学院から、長崎の活水《かっすい》学院へ進学されました。いずれも九州では名門のキリスト教女子校です。ついで大学です。ご本人は正規の学生ではなかったと言っておられますが、大学は九州帝国大学法文学部英文科です。

戦後、同志社中学校の英語教員になります。クリスチャン教員ですから、立派に新島の精神や志の継承者です。思うに同志社は、この種の自由人や同志をこれまで、いかに多く育んできたことでしょう、私の知らないところで。

「かごの鳥」

そう言えば、われらの新島もまた、青年時代にはまさに「かごの鳥」状態でした。郷隼人同様に「ケイジド・バード」そのものでした。新島は封建社会という閉塞状況を生きる自分のことを「かごの鳥」、「袋のネズミ」、と断定しております（⑩一四）。彼は結局、窮屈な藩や幕府、そしてついには日本を去り、自由な世界を求めて函館から「家出」を決行しました。

旧い日本を脱出できたその時の喜びを、新島は非常に印象的なことばで綴っております。江戸の実家から旅立つ気分は、feeling like a bird escaping from the bondage of cage, and flying up into the balmy sky だった、というのです（⑥七六）。

念のため私訳します。「かごの檻《おり》から抜け出し、広々とした空を高く舞い上がる鳥のような気分」が味わえた、というんです。彼の高潮した気持ちが、ストレートに伝わってきますね。かごから外の世界に勢いよく飛び出す鳥に自分を例えています。「かごの鳥」からのエスケープ—まさにビートルズの♪Free as a Bird の世界です。

元祖リベラリスト

自由を求めて新島は海外に飛び出しました。その新島を待ち受けていたのは、幸いにも当時、世界で最も自由なニューイングランドでした。新島が言うには、そもそも自由は「New England ノソイル〈土壌です〉ニ発達シテ北米大陸ニ横行シ」たものです（②五二四）。

新島は自由の風土の中で、在米八年間、教育や感化を受けた結果、「日本人初の自由独立人」になりました。言い換えると「元祖リベラリスト」（自由人第一号）です（詳しくは、拙著『元祖リベラリスト』を読んでください）。

その「元祖リベラリスト」が、日本に創ったのが、私たちの学園です。どう転んでもその同志社が、リベラル（自由）でないはずがありません。新島自ら「我が大学の空気は自由なり」と断言しています（拙著『ビーコン・ヒルの小径』一九七頁）。

だから、今でも同志社の校風は、おしなべてリベラルです。授業内容にしても、「リベラル・アーツ教育」の実践を目指すところからスタートしました。意訳すると、「自由人養成」教育です。

リベラル・アーツ教育を目指す

そうは言っても、百三十年以上も経ちますと、状況はなかなか難しいのです。ですが、それでも皆さまの女子大や女子中高、すなわち同志社「女子部」は、学園全体のなかではもっともリベラル・アーツの伝統が強く、今でもそれを尊重しています。

早い話が、皆さまの同志社女子大学は、ユニバーシティではなくてカレッジと名乗っています。英語では、Doshisha Women's College です。さらにお尻に of Liberal Arts がくっつきます。「同志社女子リベラル・アーツ・カレッジ」（DWCLA）なんです。この点は、皆さまも自覚してくださいよ。

今日から、隣のジェームズ館史料室で新しい企画展が始まります。今年のテーマは、「今に受け継がれるリベラル・アーツの精神」です。この後、ぜひ見学してください。私も行きます。

同志社からのスタート

いよいよ今日から学園祭ですね。この礼拝は、そのオープニングを兼ねています。学園祭は、スタッフを始め、学生たちだけで創り上げる一大イベントです。まさにリベラルな晴れ舞台です。このステージから未来のリベラリストが続々と輩出してほしいですね。

少なくとも、この学園から自由人になって羽ばたく、という夢を育んでいただきたいものです。九十代半ばの児玉おばあちゃんが、あんなに生き生きと生きておられるんですから、皆さん、負けずに大いに希望を持ってください。

（同志社女子大学創立記念礼拝・ＥＶＥ開会礼拝奨励、二〇〇八年一一月二一日、栄光館）

《後日談①》

その後、児玉操さんのことをある地方紙（『新潟日報』二〇〇九年八月三〇日）の読書欄に寄稿いたしました。児玉操・柳島彦作訳 *Ryokan the Great Fool*（自費出版、二〇〇八年、全一一八頁）という英文書の紹介記事（書評）です。参考までに、ここに再掲します。

「良寛の魂」を世界に発信

「大愚」（the Great Fool）良寛は、「全国区」である。私がかつて新潟市でよく耳にした言葉に、「越後に過ぎたるものは、良寛と謙信」がある。

謙信はともあれ、良寛はいまや世界的である。海外から良寛の里、越後を訪ねる人も多い。そうした英語圏の愛好家にとって、本書は格好の手引き書である。

良寛の作品、百数十点を児玉操《みさお》さんが、恩師の柳島彦作教授（同志社大学）の協力を得て、英訳した。たとえば、「形見とて何か残さむ春は花　山ほととぎす秋は紅葉」は——

What shall I leave　As my mementoes?
Flowers in spring　Mountain cuckoos and
Crimson maples in autumn.

初版は今から四十三年前の出版。恩師亡き後の一九九九年に再版された。が、初版ともども、長く絶版であった。品切れを惜しんだ良寛研究家に、大英博物館の元スタッフ、W・アナンダ氏がいる。彼は、「良寛の英訳本として、この書に勝る英書はない。ここには良寛の魂が活きている。良寛の心こそ世界の平和につながる」と激賞した。今回、彼の協力で、復刊（改訂版）が実現した。良寛に魅せられた国際人による見事なコラボレーションである。

児玉さんは、もともと同志社中学校英語教員で、私のクラス担任でもあった。良寛を世界に紹介するためには、労苦や経済的負担を惜しまない。本書は、彼女の自費出版である。

百二十八頁の新書版であるが、内容は濃密。巻末には、「人間としての良寛」、「私の愛唱歌」と題する児玉さんの英文エッセイがつく。訳者の篤い想いが、綴られている。

文中、「もし良寛が聖書を読めば、感涙する箇所が多々あるはず」とある。旧制中学校の時に洗礼を受けた彼女は、「良寛の魂」に人種、宗教を越えた普遍性を見る。

彼女は現在、九十六歳。いまなお意気軒昂《けんこう》である。カリフォルニアの囚人（重罪）で歌人の郷隼人《ごうはやと》氏の作品（「朝日歌壇」入選作）にも心魅かれる。何年にもわたって、彼と彼の母親（鹿児島で独り暮らし）に対して物質的、精神的な支援を続けている。刑務所で詠まれた彼の作品の英訳にひとかたならぬ熱意を示す。これまた、「良寛の魂」の発露である。（本井康博）

《後日談②》

児玉操さんは、二〇一三年三月二十九日、百歳の誕生日をハワイで迎えられました。

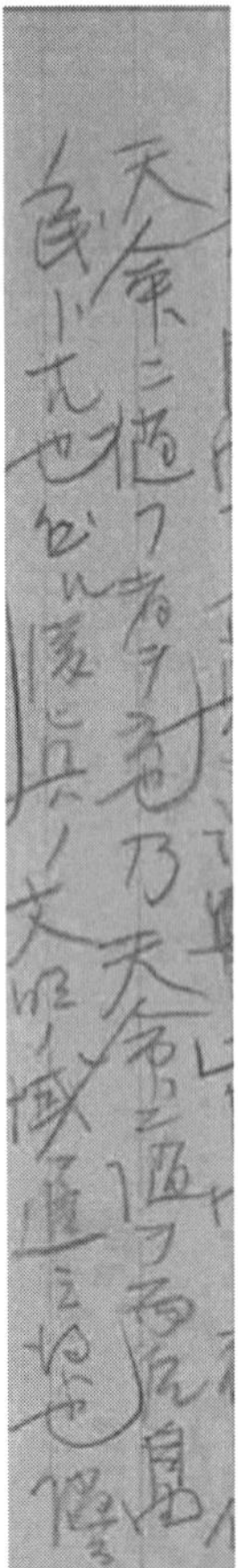

天命ニ従フ而后《てのち》、自由ノ民トナル也《なり》。然ル後、真ノ文明ノ域ニ進ミ得ル也。

自由の源

一八八〇年二月、岡山県高梁《たかはし》（旧備中《びっちゅう》松山藩）で行なった講演の一節（①三四六）。現代語訳すれば、「人は天命に従って、初めて自由の民となり、その後、真の文明の域に到達することができるのです」（『現代語で読む新島襄』一四九頁）。

新島の自由論の特長は、自由と服従が一体のものとされている点にある。すなわち、自由は天命に従うところに生まれる、と見る（本書、二六〇頁）。それを体得した「自由人」（リベラリスト）が多数、生み出されて初めて、日本は自由社会へと進むことができる、というのが彼の文明観である。

自由人の夢工場《こうば》
――「真理」で縛《しば》る――

「真理」は天命

新入生の皆さん、入学おめでとう。入学式を終えて、いよいよ今日から始業です。そこで今朝は、本学の創業者、新島襄先生についてお話しします。八重に押されているからじゃありません。なぜ同志社を苦労して創ったのか、知ってほしいからです。

新島襄という人を理解するカギは「真理」です。「良心」や「志」と同じくらい大事なキーワードです。「人間終局ノ目的ハ、真理ヲ得ルニアリ」とさえ、断定しています（①四〇五）。まさに「真理命《いのち》」です。

こうなるには、彼がアメリカ、とくにニューイングランドで「真理」に出会えた体験が、きわめて大きいと思います。で、「真理」と言っても、実にいろんな内容があります。当の新島にとっては、「キリストノ真」にほかなりません。キリスト教こそ「真理ノ王」であり、「宇宙ヲ貫ク真」なのです（②四三八、九九）。彼はこうした真理を定義して、こう言っております。

「真理トハ何ゾ。乃《すなわち》天ノ道也《なり》」（①三九五）。

「天ノ道」は「天命」と同じです。神を信じ、天命に従うところに、「自由」がある、と見ます（①

三四六)。

自由は VERITAS(真理)から

この点は、聖書に出てくる定義とも一致します。「真理はあなたに自由を与えるであろう」(「ヨハネによる福音書」第八章三二節)と言われる場合の真理は、キリスト教を指します。

この聖句は、同志社大学の明徳館——このキャンパスの中央に建っています——正面の壁面に、ラテン語(VERITAS LIBERABIT VOS.)で掲示されています。あとで確認してみて下さい。「真理による自由」は、いわば同志社の校訓《モットー》です。

ちなみに、VERITAS(真理)は、ハーヴァード大学のモットーです。日本人観光客があそこの生協で買うお土産は、Tシャツを始め、大学グッズが圧倒的に多いのですが、たいていこのロゴが入っております。一方、ライバル校のイェール大学も、この文言をモットーに入れています。ただし、「光」を加えて、LUX ex VERITAS(光と真理)と言います。

「真理」に耳傾ける

新島はアメリカで「真理」に触れた結果、自由になれました。日本人の自由人第一号と言われたりします。ニューイングランドのピューリタン的風土が、彼の人格を作り上げました。そうして出来上った人物が、あれほど苦労して開校に漕ぎ着けた学校ですから、校風も、どこか温かいですね。

現に同志社の生徒は、今でもよく言います。「同志社はリベラルや」と。学園内の中・高生は、「校則や制服がない」と喜びます。大学生なら「シメツケが少ない」（これは教職員に関しても、言えます）といった風に、です。ですけど、ホントは、もっと厳しいシバリがあるんですよ。

同志社は、たしかに細かい規則では生徒を縛りません。新島自身が、「法三章」でしたから。たとえば、あるとき、食堂の秩序が乱れてきたことを憂慮したある寮生が、食堂規則を作って新島校長に見せました。その時の新島の答えは――「同志社は自治ですから、この種の規則は本来の精神に合いません」。

「同志社は規則を喜ばない」

青年は納得せず、なおも激しく新島に食い下がりました。すると、「その規則を食堂に掲示するのは、よろしい。けれども、同志社はそんな規則を喜びません」との返事が返ってきた、といいます（森中章光『新島先生片鱗』一〇〇～一〇一頁、洗心会、一九四〇年）。

それにしても、新島は、自分の信念を貫く一方で、反対意見を頭ごなしにつぶすことはしません。この場面は、リベラリスト・新島の真骨頂が、よく出ています。

これに関しては、札幌農学校の最初の校則が思い出されます。あのW・S・クラーク先生は、それまでのこまごまとした校則を全廃して、ただひとつ、Be gentleman！ があればそれでいい、と宣言した、と伝わっています（拙著『ビーコン・ヒルの小径』一九一～一九二頁）。さすが、新島の恩師だけのことはあります。新島も同じ学校（アーモスト大学）で、そうした教育を受けてきたんですね。

「真理」で縛る

この結果、同志社では規則は最小限でいいとされます。規則で生徒を縛るんじゃなくて、「真理」で縛ります。こっちの方が、結構きついんですよ、実は。「真理」に縛られないと、自由というものは生まれませんからね。

早い話が、「矢でも鉄砲でも持って来い」という好き勝手で野放図な生き方、あるいは「神も仏もあるもんか」といった無鉄砲な生き方があります。これなんかは、当座はいいとしても、ながい目で見るとどうなのか。ついには「私欲私心ノ奴隷」に堕《だ》しやすい、と新島は見ます（②七九）。それは奴隷の生活であって、自由人の生き方じゃありません。

新島ならずとも私たちは誰でも、自由になりたいですね。でも現実には、なかなか難しい。ではどうすれば――

「真理」に触れる

同志社大学は毎年の卒業式を栄光館で行なっております。君たちも順調に行けば、四年後です。二階席からグリークラブ（男声合唱団）の諸君が、「送別の歌」を餞《はなむけ》に歌ってくれるはずです。三輪源造という国語教員が作詩した曲ですが、歌詞がいいですね。

特に私は、一番の中の次の歌詞が好きです。「♪大空高く行くわれぞ　つゆの色香《いろか》にあくがれじ」――、これは、天高く飛翔《ひしょう》してみせるぞ、という気概、そのためにはこの世の誘惑に惑わされたり、欲望に流されたりなんかするもんか、といった決意表明です。高尚な志のためには現世の利益に決して走らない――

じゃ、どうすればそれができるのか。歌は「♪神の召し給う　み声ぞ響く」（一番、二番）と続き、最後の三番では「♪神の召し給う　み声ぞきかまし」で締めくくられます。

「神のみ声」、すなわち「真理」に聞き従がわなかったら、どうなるのか。結末は惨めです。「つゆの色香」に身を持ち崩すだけです。自由どころじゃありません。自爆か破滅です。

これに対して、「真理」に繋がっている限り、自由が約束されます。待っているのは、自由です。聖書にも「私につながっていなさい。そうすれば、豊かな実を結ぶことができるだろう」（「ヨハネによる福音書」第十五章五節）とあります。真理であるイエスにつながること、すべてがここから始まります。

惨めな人間

ところで、いったい自由とは何でしょうか。遅まきながら、ちょっと考えてみましょう。私たちは誰でも自由というものに憧れます。ですが、自由に生きることは、あんがい辛い。

ほんとに自由にふるまう、すなわちやりたいこと、というより人としてやらねばならないことを自然に行なうのは、実に難しい、しんどいです。

パウロという人が、聖書の中でこう嘆いています。

「わたしは、自分のしていることが分かりません。自分が望むことは実行せず、かえって憎んでいることをするからです」。

「私は自分の望む善は行なわず、望まない悪を行なっている」。

そして、ついには、自分に幻滅してしまいます。

「わたしはなんと惨めな人間なのでしょう」（「ローマの信徒への手紙」第七章十五節以下）。

イエスに従った十二人の弟子と比べても、けっして劣らない働きをした、あの偉大なパウロにしてからが、こうです。

自由になるための秘訣

ここで、自由なるものについて君たちに引きつけて考えてみたいので、ごく卑近な例をあげます。

電車やバスの中で、お年寄りに席を譲る時の心情を思い出してください。私たちの心のうちには、いっしゅん、葛藤や自己弁護が顔をのぞかせませんか。自然体ですっと立つのに、ちょっとためらいが伴う、そういったケースが、ままあります。その時の自分は、ちっとも自由じゃないですね。

地方から京都に来た人は、そのうちこうなるんじゃないですか。やりたいことが独りで自由にできるはずなのに、してみたいことがちっともできない。誰からも拘束されていないのに、自由に生きているという実感や充実感からは、どうもほど遠い――

これがもっと高尚なこととなると、なおさら厄介です。たとえば、新島が言う自由人とは、(彼の言葉をやさしく言い換えますと)、「上の人に阿《おもね》らず、下の人を軽蔑しない。自分の利益のために動かず、害を受けても屈しない」人を指します(①三九六)。

これが自然にできる人、つまり「真理の囚人こそ、自由人なれ」というわけです(拙著『千里の志』一六六頁)。「囚人」と自由人をイコールで結ぶ、というかなりムチャな定義です。

「真理」だけに従う

要するに、自由人こそ、喜んで「真理」に従う、しかも「真理」にのみ従うんです。そうすれば、先ほどの生き方ができます。自由人は、世俗的な欲望ではなくて、「真理」だけに従順です。

キリスト教の信徒ならば、「真理」がイエスの言葉やキリスト教、あるいは「天命」を指すことは、簡単に理解できます。そうじゃない立場の人は、たとえば、人間として守るべき人道や規律とか、あるいは人の踏むべき道、などと理解してもいいんじゃないでしょうか。

新島は「真理」を寒梅にたとえます。「寒梅」の漢詩が二首、残っています。新島は、こう詠います。寒梅は「敢《あ》えて風雪を侵《おか》して開く」と。それも「争はず」、「力《つと》めず」、すなわち「笑うて」です。敢えて不自然なこと、あるいは逆境に立ち向かうことを自然体で、喜んで出来るようになると、自由人完成です。

パラドックス

以上のことを整理してみます。ポイントは、「自由の前提は従属」という点にあります。自由と従属は、ワンセットです。一枚の紙で言えば、表裏の関係にあります。これは、大変な逆説《パラドックス》です。一見、理解不可能です。

分かりにくいですから、さらに別の言葉で説明します。新島は「天命」あるいは、「自由ノ律」に「随《したが》フ」ところに自由が生まれる、と力説します（①三四六～三四七）。自由の場合にも従うべき規律やルールが厳然としてある、というのです。

つまり、自由とは、すべてのものから解放される、ということじゃありません。「自由の規律」には従うが、それ以外のものには負けない、徹底して自由を貫く――ここが大事です。

新島は「良心」も同じようなとらえ方をしています。「良心ノ指図ニ順《したが》フベシ。敬テ天ノ命スル所ニ順《したが》フベシ」というのです（①四五一）。ポイントは同じく「従う」です。この良心とさきの自由を絡めてみますと、新島の説く自由は「良心に縛《しば》られた自由」だ、となります。

もうふたつ、新島の言葉を紹介します。「真理ノ域《いき》ニ入」ることは、「自由ノ疆《さかい》ニ遊」ぶことだ、とか（②一四四）、「道徳ノ域ニ入ル」のは、「真理ノ疆ニ入ル」ことなり、という言葉です（②一四九）。分かりやすく言えば「真理の領域」、「自由の国」です。いずれの場合も、野放図には広がってはいません。閉じられたひとつの空間を形成しています。仕切りや境がちゃんとあることがポイントです。

空飛ぶ凧《たこ》

つまり、「かご」から出っ放しでは、ダメなんです。それでは、無軌道、野放図のままです。そうじゃなくて、別の「ハコ」に入ることが、必要なんです。新たな規律に従う、あるいは軌道に乗ることが必要なんです。

要するに、自由に生きられるか、生きられないかは、私たちが「真理」、あるいは、それに相当するもの、たとえば自分を超えた永遠のものと赤い糸で結ばれているかどうか、にかかっているような気がします。

赤い糸は、凧の糸に譬えると、もっと分かりやすいでしょうね。もしも、凧が自由きままに飛びたいと思って、繋がれている糸を切ったとしたら、どうなるか。くるくる回って落下するか、しばらくは遠くまで飛べても、いずれ墜落するか、のどちらかです。

凧には、自動制御装置がありません。自分ひとりでは、自由に飛べないのです。凧が気持ちよく飛ぶためには、操ってくれる人と、糸でしっかりと結ばれていなくては、ダメですね。

岡林信康

ある時（二〇〇九年十二月二十七日）、岡林信康さんが同じようなことをテレビで語っていました。TBSの「情熱大陸」という番組です。

「自由ってのは、空に浮かんでいる凧やね。若い頃は、糸を切れば自由になれる、と思ったけど。

糸を切ったら、落ちてしまうんだよ。地上に糸で繋がれているから飛べる。自由とは、そんなものだよ」。

これには、びっくりしました。岡林さんは、ほぼ私と同世代です。一九七〇年前後に活躍したアーティストです。「フォークの神さま」と呼ばれたほどのカリスマ・シンガーでした。

岡林さんは、早くから「自由と束縛」の関係について、こう書いています。

「束縛のない自由などとよく言われるが、それを束縛と感じるか、それともそれが私を生かしてくれていると感じるかで、ずい分意味が違ってくるだろう。もっと自由に勝手にやりたいと、水を飛び出した魚は、ひからびて死んでしまうだけではないか」（岡林信康『バンザイなこっちゃ』一二四頁、ゴマブックス、二〇〇五年）。

私としては、「魚」よりも「凧」の方が、喩《たと》えとしては優れてる、と思います。

自由の求道者

岡林さんは、若い頃、「♪自由への長い旅」とか、「♪それで自由になったんかい」といった作品をすでに発表してます。だから、一貫して自由のあくなき求道者です。

人気絶頂のステージから忽然《こつぜん》と身を隠し、まるで無軌道のように、あれこれ遍歴し、あちこちを放浪しました。その探求の結果として出された答えが、先に見た「自由とは空に浮かんでいる凧」という結論です。番組の中では、「六十過ぎて、初めて解ることもあるからね」とも言ってました。

岡林さんは、近江《おうみ》金田教会（滋賀県近江八幡《はちまん》市）の牧師（岡林勝治）の子です。彼は、牧師を目指して、この神学部に入学しました。そう、君たちの先輩です。が、まもなくキリスト教からドロップアウトして、大学を中退してしまいます。ですが、彼の場合、どう転んでも、キリスト教と無縁にはなりえません。私から見れば、彼の自由の捉え方は、きわめてキリスト教です。

「岡林ｓ　Ｈｉｓｔｏｒｙ」というブログにも、次のような書き込みがありました。

「岡林は、キリスト教が嫌いだった。脱却したと思っている。しかし、かえって　自由にものが考えることができるのは、心のベースに神の存在があるとき、真実、精神世界は自由になる。なぜなら、神における自由のもとには、本当の意味の縛りがなにもないからである」。

キリスト教抜きには、自由のことはとても考えられない、というのです。

空に浮かぶ凧

岡林さんにとって自由は、もはやビートルズの「♪鳥のように自由に」じゃありません。最終的には、凧です。そう、この違いが、大事ですね。凧は、鳥のように自由には飛べません。行きたいところへ自分では勝手に行けません。そもそも地上の誰かと糸で繋がれて初めて、空に舞い上がれるんです。飛ぶのではなく、飛ばしてもらうのです。

岡林さんも最初は、自分で飛ぼうと努力しました。でも、今ではこう考えています。凧の糸のように、自分を縛るものがなければ、そこには自由もない。真理、あるいは良心と繋がる糸を切られた自由というのは、単なるわがまま、もしくは放縦に過ぎない。いずれ地上に落下する。そこには、破滅が待っているだけ――およそこういうことが、言いたいのでしょう。

「紐付き」の生き方

そうなんです、自由は「紐《ひも》つき」なんです。紐で繋がれるのは、誰しもいやです。誰が見ても、不自由ぽいですから。ですが、実はその紐が空を飛ぶ自由を保障してくれるんです。繰り返せば、自由（真理とも置き換えられます）にも「自由ノ律」という私たちを縛る紐が、不可欠なんです。

ところで凧と言えば、実は少年時代の新島襄が一番好きな遊びでした。凧上げがすこぶる得意でした。それが、後半生は一転して、自分が凧に変身します。凧を上げるんじゃなくて、逆に自分を凧のように見たてて、人さま（彼の場合は、神）に上げてもらう人生に切りかえました。こうした生き方をするのが、彼は人一倍上手でした。

凧を繋ぎとめる糸は、聖書で言えば、「蔓《つる》」に当たります。「ヨハネによる福音書」（第十五章五節）には、こうあります。

「わたしはぶどうの木、あなたがたはその枝である。人がわたしにつながっており、わたしもその人につながっていれば、その人は豊かに実を結ぶ。わたしを離れては、あなたがたは何もできないからである」。

要は、自分を越えた自分以外のものと繋がる、すなわち他者に縛られる、ということです。

「自由の家」に住む

新島に戻ります。彼はこうも言っております。「丈夫《ますらお》は起処〔起居〕す　自由の家」と（④二三五）。自由人の棲家《すみか》、それが「自由の家」なんです。壁や屋根に囲われた空間です。閉じられたスペースであって、決して無限の空ではありません。

これは、ものすごい矛盾ですよ。見た目では、「囚人」そのものですから。でも、この大逆説の中に自由人になれる秘訣《カギ》が隠されています。

以前、新島の同僚牧師、成瀬仁蔵《じんぞう》の言葉を別のところで紹介しました。「自由は奴隷より生ず」という文言です（拙著『元祖リベラリスト』一三九頁）。要するに自由と従順（従属）は、決して対立したものではない。実は表裏一体という不思議な補完関係にあります。この逆説の中にこそ、実は自由の問題を解くカギが隠されています。

岩波新書で言うと、池田潔《きよし》『自由と規律』です。自由と規律は、一見すると正反対のものに見えます。しかし、両者は決して二律背反や別物ではありません。自由は規律から生まれることを、イギリスの紳士たちは、パブリック・スクールで少年時代に徹底的にたたみこまれます。まるで修道院のような厳しさで、です。

自由人の夢工場

何年か前、私の授業を取っている中国人留学生が、学期末レポートにこう書きました。同志社はまるで「自由人の夢工場《こうば》」だ、と（『元祖リベラリスト』vi頁）。言いえて妙です。新島が望んだのは、自由人の再生産ですから。彼女は同志社の急所を突いています。岡林さんも、このことが六十にしてようやく分かった、といいます。

「夢工場」とは何か。私なりに言い換えると、「夢を紡《つむ》ぐ工場」です。この学園は、ここで学ぶ学生が、自由人になる夢を紡ぐステージです。この夢のステージを用意するためにこそ、あの時代、あの場所で、あそこまで苦労して、新島という人が、この同志社を立ち上げたんです。

だから、「行け、行け、行け、心安らかに」です。京都でこれから初めて独り暮らしをする人は、不安でいっぱいだろうと思います。でも、心配無用です。「奇しきみ手、汝を導かん」と新島自身が、保障してくれています。

自由への道は、なんと、見えざるナビつきなんですよ。自由人というゴール目指して、さっそく歩き出して下さい。

（同志社大学神学部新入生始業礼拝、神学館チャペル、二〇一二年四月二日）

会津人ニ向ヒ、非常ノシンパセー〔共感〕ヲ顕《あら》ハシ

会津への共感

八重の案内で鶴ヶ城を見物した際、新島は強い印象を受けた。ひとつは、敗者・会津（人）への思い入れと共感である。いまひとつは、会津伝道への関心である。以後、新島にとって会津や福島は、米沢などと並んで、東北地方への橋頭保《きょうとうほ》となった。

「小生ハ、明治十五〔一八八二〕年、初メテ会津若松ニ遊ヒ、官軍〔西軍〕之為メニ陥イラレタル孤城〔鶴ヶ城〕ヲ一周シ、又生キ残リタル人々ニモ面会シ、当時ノ有様ヲ聞キ、会津藩人ノ如此《かくのごとき》モ宗家徳川氏ノ為メニ官軍ニ抵抗シ、白骨ヲ原野ニサラスモ顧ミサルノ勇気ニハ大ニ感服致シ、其《その》時ヨリ会津人ニ向ヒ、非常ノシンパセー〔共感〕ヲ顕ハシ、其レヨリ該地伝道ノ事ヲ主唱シタリ。

但《ただ》シ余ハ、気骨アル人間ヲ称賛スルナリ。会津ヲ称賛シテ、官軍ニ抗スル訳ニハ、アラサル也」（④三五三）。

新島研究五十年
――新島襄永眠記念日に寄せて――

最終講義

一週間前、水谷誠教授（神学部長）から、「退職記念講演」をするように、とのお勧めというか、業務命令がありました。考えてもいなかったので、戸惑いました。けれども、「授業の公開でもいいですよ」と言われて、それじゃ、と最後の授業を神学館チャペルに移して、やることにしました。

翌日、大学のＨＰに告知が載りました。すると、仙台から「聴きに行きたいのですが」という問い合わせがすぐに入った、といいます。すごい時代ですね。

講演の日は、つまり今日（一月二十三日）なんですが、わざわざ私が選んだわけじゃありません。私の最後の授業がある時間帯なんです。ですから、たまたまなんですが、奇しくも新島襄の百二十三年目の永眠記念日にあたったというわけです。

しかも、時間まで同調《コラボ》してくれています。新島先生が召天された時刻を皆さま、ご存知ですか。午後二時二十分です。いま、午後一時二十分ですから、私の話は、これから一時間で終えます。どこまでも、いや最後まで新島襄がついてまわるな、と感じ入りました。

新島襄を初めて知ったのは

せっかくの機会ですから、しばしの間、センチメンタル・ジャーニー、いや、老人趣味に浸《ひた》ります。小学校六年生の時でした。私が同志社中学校を受験する、と聞いた知り合いの大谷大学の学生さんが、こう助言してくれました。「同志社受けるんやったら、新島襄の名前、覚えとかな、あかんよ」と。

もう五十八年も昔の話です。忠告通り、試験に出ました。名前を覚えた甲斐があって、合格ラインを越えられました。入学してからは、中学でも岩倉（同志社高校）でも、礼拝や授業で、新島先生の話をたびたび聞きました。でも、聞く側は、ひたすら受け身です。函館の密航シーンなどは、ワクワクしながら息を潜《ひそ》めて聞いた覚えはあるものの、習ったことの大半は、試験までの寿命でした。

新島研究五十年

自分の方から関心を持ち始めたのは、大学に入ってからです。二回生から、やっとキリスト教に目覚め、新島が創った教会（同志社教会。集会場は女子部栄光館です）に通い始めました。日曜礼拝は皆勤、というほどの熱心さでした。ちょうど、五十年前のことです。

翌年、一九六四年には、はやばやと茂義《しげよし》太郎牧師（私が同志社高校生の時、同校の校長でした）から洗礼を受けました。これで、新島「牧師」と同じ土俵に乗れたことになり、新島の信仰や生き方に、大きく目が開かれました。

ついで、大学院を終えて、地方の高校、しかも新設のキリスト教主義学校ですが、高校に赴任する前後には、今度は新島「校長」の教育方針やら児童観、さらには生徒指導の仕方などが、クリスチャン教員志望の私には新鮮、と言うよりモデルになりました。

着任一年後の一九七〇年（今から四十三年前ですが）には、「敢《あ》えて風雪を侵《おか》して」というタイトル（新島の漢詩「寒梅」の一節です）で、赴任当初の感慨を学内紙に載せております。気負ってますね。

就職してからも、最初はもちろん研究とは程遠いのですが、それでも新島に関する書物や情報、文献は、できるかぎり収集し、目を通すように努めました。そのうちに、その成果というか、思いを文字にまとめるよう勧められました。

最初に書いた論文、というよりもエッセイは、三十九年前（一八七四年）の「喪家《そうか》の犬・新島襄」でした。今にして思えば、実に失礼なタイトルをつけたものです。にもかかわらず、同志社新島懸賞論文コンクールで二等賞（一等賞は該当作なし）を貰いました。

同志社科目

その後、十余年たって、京都に戻りました。同志社新島研究会（現在、代表のお鉢は、私に廻ってきています）や本学人文科学研究所といった、本格的に新島研究がやれる環境に身を置くことができることに、あらためて感激しました。こうして、地方での孤軍奮闘から一転して、大勢の研究仲間と共に、豊富な一次資料を使った、恵まれた研究生活を堪能することが、できるようになりました。

ただ、研究と言っても、そのやり方はまったくの自己流です。地方で身についた、なかば趣味感覚で新島研究をやり続けました。生活の方は、アルバイトや嘱託（職員、講師）で食いつなぎました。そうこうしているうちに、なんと六十歳を越えてから、神学部に拾われました。神学とは無縁の、経済学修士の私に、「新島襄を学生に教えてほしい」というのです。時代は変わりました。

結果的に、趣味が仕事になりました。新島研究を専門的に、いや、職業的にやれる、それもアルバイト（大学非常勤講師や塾講師）なしでやれる、という夢のようなポストです。学内では、私が第一号でしょうね。これまでの新島研究は、本学の教職員であるかないか、を問わず、別の専門や本業をもちながらのサイドワークでした。要するに、新島研究だけでは食べていけません。

趣味が仕事に

こうして、思いがけなくも、趣味と実益の一致《コラボ》が、実現しました。それを可能にしてくれたものが、三つあります。（1）家族の協力、（2）研究仲間からの刺激と奨励、それと（3）大学（学部）の支援でした。

とりわけ、嘱託時代には考えられなかったのが、三番目の経済的支援です。個人研究費や出版助成金、さらには研究会予算、といった資金面のサポート、これなしには、著作の出版は、ありえませんでした。

大学教授になって、何がうれしいと言って、勉強三昧の生活を誰憚《はばか》ることなく送れること、そしてその成果を著作として毎年出せる、これほどありがたいことはありません。

それも、売るための本や売れる本ではなく、出したい本、出さなければいけない本が出せるのです。出版の場合も、商業出版じゃありませんから、自分の志をストレートに実現するのに、遠慮は不要です。ありがたいことに、この点では、大学人は比較的、自由です。書名も中身も外面（装丁、デザイン）も、すべて百％「自前」でいいのですから。

私の場合は、基本的に出版費持ち出し、という趣味本位の「自費出版」です。だから、出版社との協議やら、妥協、折衝は、まずありません。最後まで自己流を押し通すことができました。

学術書と啓蒙書

それにしても、大学教員として、しっかりした学術書を出すこと、これは当たりまえです。私の場合、ミッション（アメリカン・ボード）や新島襄、同志社史、さらには徳富蘇峰や新潟キリスト教史に関する学術書を何冊か出すことができました。

ですが、固い論文やぶ厚い専門書は、読まれたとしても、少数の研究仲間が読むだけで終わりがちです。そこで、専門的な論文や本を手がける一方で、内容的なレベルを下げないで、一般向きの「読み物」として、学術的な研究成果を出す道はないものか、と模索を始めました。要するに啓蒙のための一般書です。

幸い、この十余年、同志社は記念出版物を含めて、一般向きの、思い切って言えば、中高生も読めるような出版物を数種類、企画いたしました。私は、その趣旨に大賛成でしたから、それらすべてのプロジェクトに関わりました。

事業報告

その際、職業的研究者《プロの》として、私に期待された仕事は、かなり多かったですね。以下、事業報告とは行きませんが、務めを果たせたかどうか、点検方々、業務の中身を紹介いたします。

まず、ひとつは、新設の「同志社科目」を学部として軌道に乗せることでした。学部ばかりか、いや、大学としても、授業担当はもちろん、教科書を作ったり、担当者の「マニュアル」を作成したり、といった新しい仕事です。

これは、合格点がもらえるのでは、と秘かに自画自賛しております。これには、実は前段階、というか、準備段階がありました。だからこそ、割合にスムーズに仕事が捗《はかど》りました。具体的に言えば、神学部の専任教員になる前の仕事が、物を言いました。すべてが活きました。

同志社が手がけた本

たとえば非常勤職員・講師であった時のことですが、手がけた仕事に『現代語で読む新島襄』（丸善、二〇〇〇年）があります。委員（事務局）のひとりとして、編集作業には莫大なエネルギーを注ぎました。おかげで、今も中高生がよく利用してくれています。

ついで、『同志社山脈——一一三人のプロフィール』（二〇〇三年）です。これは初期同志社の関係者列伝です。ミニ人名事典のようなもので、著名な卒業生や教職員、役職者などの輪郭を手っ取り早く、知ることができます。私は全体をチェックする一方で、三分の一近くの執筆を担当しました。

さらに『新島襄検定一〇〇問』（二〇〇六年）や、『マンガで読む新島襄』正編・続編（二〇〇八年、二〇一〇年。後に英文版、ならびにハングル版）が続きます。こうなると、啓蒙を越えて、エンターテイメント（娯楽）の世界にまで踏み込んだ感じです。

そのかたわら、『鼓動』（二〇〇七年）という、同志社大学の景観や現況を紹介する豪華な写真アルバムを大学から頼まれて編集しました。アメリカへもカメラマンと共に出かけ、取材・撮影をしてきました。予算は三千万位だったと記憶しています。

「岩波文庫」三部作

それ以外にも、啓蒙と学術の中間に位置する本も手がけました。その典型が、岩波文庫です。『新島襄の手紙』（二〇〇五年）、『新島襄　教育宗教論集』（二〇一〇年）、そして『新島襄自伝』（二〇一三年）の三冊です。いわば「三部作」です。

これは、性格的には『新島襄全集』と『現代語で読む新島襄』の中間に位置する作品です。かつての『新島襄全集』の刊行が、新島研究にもたらした効果と成果は、絶大です。しかし、原文そのものが取っつきにくいために、研究者以外、あまり読まれていないのも事実です。

新島の思想や主義を若い世代や一般読者に分かりやすく読んでもらうには、読みやすくする工夫が、要ります。そうしなければ、新島の考えなど、普及しないまま、終わってしまいます。

岩波文庫は、手軽に買え、手軽に読める、しかも大事な主要資料や文書が選択、集約されていますから、全集の入門書としては、格好の手蔓《ガイド》になります。『新島襄全集』を引き継ぐという意味で、これまた自画自賛すれば、文庫の出版は、『現代語で読む新島襄』と並ぶ基礎作業でした。「金字塔」とは言えなくも、これで、新島研究の基本的なインフラ整備は、おおよそ仕上がったのでは、と思います。

同志社への置き土産

幸運なことに、岩波文庫の編集委員は、これら三部作を通して一貫して同一メンバーでした。大谷《おおや》實、北垣宗治、伊藤彌彦の三先生、それに本井康博です。まもなく最終版の『新島襄自伝』が出ますが、それを見届けるかのように、私は同志社を退職します。大谷、北垣、伊藤の三先生は、すでに名誉教授です。

文庫は、私たち四人のメンバーが、同志社への「置き土産《みやげ》」、あるいは次世代へ送る形の、いわば「遺作」です。この大事な仕事にほぼ十年間、私も係われたことは、まさにタイムリーでした。在職中に取り組んだ仕事の中でも、特に記憶に残ります。教員として、こうした「歴史的」な仕事をやり遂げたうえで退職できるのは、教師冥利《みょうり》に尽きます。

「新島襄を語る」シリーズ

以上の大学の公的プロジェクトとは別に、私的にも啓蒙路線を模索しました。それが、「新島襄を語る」シリーズです。思い切って語り調、それもかなりくだけた文体を用いた講演集です。最近は、「くだけすぎ」とも言われています。叙述はあくまでも、ものがたり風ですが、引用や出典は、論文並みに整備しました。索引もかなり細かいのを用意しました。

こうした処置は、一般書にしては、異例の処置です。まるで「隠れ学術書」ですから。商業出版社なら、まず嫌がる、というか、避ける流儀《やりかた》です。

問題は、巻数でした。教授になった当時、私の「賞味期限」は「有期」でした。定年まで長くて九年、という身でしたから、「新島襄を語る」シリーズは、十巻まで出せれば万々歳、という思いでした。目途《めど》は、(学術書とは別に)とりあえず一年に最低一冊でした。

シリーズは、第九巻までは順調でした。ところが、途中、藪から棒、という突発事件の発生です。大河ドラマ二〇一三年です。突然、新島八重が「八重の桜」の主役に抜擢されたのです。これには、世間も、同志社も、新島研究者もびっくりです。

八重研究の立ち遅れ

NHKの発表を受けて、世間は、「八重ってだれ?」と俄然《がぜん》、色めきたちました。けれども、答えられる人は、そうはおりません。まして八重を専門とする研究家は、ゼロなんです。

これが現状ですから、八重の研究書は（今もって）皆無です。新島襄の研究家だから、ちょっとは八重のことも分かるだろう、という憶測と期待から、私にもいくつかの注文や依頼、問い合わせが入ってきました。

以来、八重研究家、というか「八重コメンテイター」になることを余儀なくされました。八重研究に本腰を入れ始めると、次々と新しいことが、分かってまいりました。私が代表を務めております、いわゆる「同志社新島研究会」（愛称）でも、八重の研究は、これまで「余技」（オプション）扱いだったことが、暴露された感があります。

これじゃいけない、と八重本の執筆に熱を入れて取り組む決意をしました。そこで、独立した「新島八重を語る」シリーズ、とまでは行きませんが、「新島襄を語る」シリーズの別巻を立ち上げて、八重を語ることにしました。一冊のはずの別巻が、すぐに二冊になりました。これで私の「八重本」だけでも、五冊を数えます。ですが、いまや、それだけでは終わりそうにもない勢いです。

退職の年

それにしても、現役最後の年は、えらいことになりました。かねて、長年の研究活動の締めくくりとして、まずは「新島襄を語る」シリーズ（全十巻）を完結させる。あわせて、もうひとつのライフワーク、すなわち学術的な新島研究の締めくくりとして、あらたに研究書を二、三冊、刊行して、これまでの蓄積成果をまとめ上げる。そうして、二〇一三年三月末には、晴れ晴れした気持ちで大学を去りたい、と考えておりました。

しかし、「八重の桜」フィーバーで、この構想は吹っ飛んでしまいました。この一年、八重の単行本、八重マンガの監修、原稿依頼、各種印刷物の校正やら解説、問い合わせや鑑定、マスコミからの取材――とりわけ多いのが、講演依頼でした。函館から愛媛まで、普段の二倍から三倍です。

一方的な情報発信だけじゃありません。知らない方から資料提供やら新事実を教えていただいたり、自ら子孫であることを名乗り出られたり、といったうれしいハプニングや収穫もいくつかありました。「八重のコメンテイター」としては、探究心に火をつけられたような出来事です。

感謝と自戒

引退後は「引き籠《こも》り」ライフを夢想していたのですが、「八重の桜」の放映が終わるまでは、八重関連の仕事が、まだまだ続きそうです。

本来の新島研究へは、世の中が落ち着いてから復帰することにします。やり残した新島や同志社史のまとめ（学術書）も、いずれそれぞれ単著の形で出しておきたいです。

当面の目標は、とりあえずは、主として八重のことを取り扱った「新島襄を語る」シリーズ別巻三（本書です。これは私の六冊目の八重本です）の刊行、ということになりそうです。これでこのシリーズでの第十巻は、さらに遅れます。

今春までに

というわけで、現役最終年の今年（今年度）は、とにかく異常です。やむをえず、多作を強いられました。昨年で言えば、四月から十二月までに出版した本は、かなり無茶です。

すなわち、二〇一二年の四月以降、八重本を三冊、八重マンガ（監修）を一冊、群馬の信徒を紹介する共著を一冊、都合あわせて五冊、すでに出しました。それでも、出版すべきものが、まだ三冊、残っています。年度終わりの今年三月までに、岩波文庫・新島襄三部作の最終作（共編）と『徳富蘇峰の師友たち』、の二冊を出します。

全部出れば、一年で七冊です。粗製乱造と言われかねないほどの多産です。口幅《くちはば》ったい言い方ですが、この五十年間、シコシコとやってきたことすべてが、最後の一年に凝縮して現れた、というより爆発的に噴出した感があります。そうは言っても、この一年のためにこれまでの四十九年があったわけじゃ、ありません。ですが、まるっきりのウソでもありません。

永眠記念日に想う

今日は、我らが新島襄の永眠記念日です。私の現役最後の授業が、はからずも新島襄の永眠記念日、というのも、実に不思議なことです。新島は私にはいつも、守護神か背後霊みたいなもんでした。

私の四十余年に及んだ教員生活は、ありがたいことに充実していました。とりわけ、最後の九年間は神学部が職場でした。いろいろの点で恵まれた、夢見心地のような大学専任教員の生活でした。感謝です。六十を過ぎての採用（教授就任）など、本来ならばあり得ない幸運です。というか奇跡です。その厚遇にどれだけ応えることができたのか、正解を出す自信はもとよりありません。が、新島の「語り部」として、その「志」を継ぎながら、啓蒙と研究の両面で全力奉仕したいと願う日々であったことは、確信をもって断言できます。

二時二十分

安部磯雄という新島の教え子がいました。「新島先生から、安部さん、よくやったね、と天国で言われたい一心で仕事に励んできました」と語った、という逸話で有名です。安部先生は毎日のように、恩師の志を継ぐような気持ちで、あれだけの偉大な仕事を成し遂げられたのですね。

ひ孫弟子くらいの私の場合は、似たような労《ねぎら》いの言葉をかけてもらえるような師弟関係にはありません。が、気持ちの上では、新島襄の「同志」になりたい気持ちで、仕事をして参りました。

「同志社」という校名のど真ん中には、「志」が据えられています。ここにおられる皆さまもどうか、「同志社」大学から志が抜け落ちて、「同社大学」にならないように、新島襄の志の継承に努めていただきたいと念じます。

お約束の二時二十分が近づきました。新島先生の生前の「宿志」は、いまや「遺志」となって、私たちの手に委ねられました。それぞれの立場と持ち場で、それを確かに担っていく一人ひとりでありたいものですね。

古語に言います、「蒼蠅《そうよう》、驥尾《きび》に付して、千里を致す」と。蒼蠅《はえ》は自分の力だけでは、とても遠くへは飛べない。ですが、名馬の尾っぽに止《と》まれば、千里だって行くことができる、というじゃありませんか。新島が若き日に抱いた「千里の志」を追い求めるために、私も引き続き、老骨に鞭打って、皆さまの驥尾に付す覚悟です。

新島その人の冥福をお祈りして、決意を新たにしたいと思います。

ご清聴、ありがとうございました。

（退職記念講演会、同志社大学神学館チャペル、二〇一三年一月二三日）

おわりに

指揮者のV・クライバーンが、自信たっぷりに小澤征爾に語った言葉は、スゴ過ぎます。「セイジ。僕はね、『ラ・ボエーム』なんて、眠ってたって指揮できるんだ」。丸谷才一さんが、紹介されているエピソードです（『波』五頁、新潮社、二〇一一年十二月号）。

私にはハッとする警句です。六年前、「先生の話は、よーくわかる。寝てても分かる」と学生から誉められた話を紹介しました（拙著『千里の志』五頁）。以来、教師には「最高到達度評価《ハナマルてき》」と舞い上がっていた私には、クライバーンの一言は、頂門の一針です。なぜって？ 巨匠なら、寝ながら仕事ができる、というんですから。

教員に当てはめれば――「眠ってても講義できる」と言えなければ、一流じゃないんだそうです。で、私ごとき弱匠が目指せることは、夢中になって新島夫妻のことを語れるか、どうかです。

夢見心地で、すなわち夢の中で語れるか、と問われたら――まだまだ修行が足りませんね。要するに、人間も学識もチッチャイ、ちっちゃい、ですから。そう思うと、八重研究はもちろん、新島研究でさえも、まだまだ駆け出しです。

コーチなしに、ここまで無鉄砲に突き進んできた感はあります。それでも、時間だけはずいぶん、かけました。過日（一月）の最終講義では、「新島研究五十年」という、誇大広告ぽいタイトルをつけました。質はともかく、量的には本人もびっくり、というくらいの生産量です。とりわけ、九年前に同志社大学の専任教員になってからは、そうです。

実際のところ、多作であることに我ながらびっくりです。多作と言うより、いや、濫作《らんさく》かもしれません。この「新島襄を語る」シリーズ（全十巻）にしたって、すでに九冊、プラス途中で「八重を語る」という別コースが枝分かれしましたので、別巻だけで三冊になりました。これも、突発事故《ハプニング》です。

なにはともあれ、第三巻あたりで別巻を切り上げ、本流の「新島襄を語る」シリーズに戻りたいです。「夢が醒めないうちに」、シリーズ最終巻（第十巻を想定）の執筆、編集に取り組みます。おそらく、「総集編」を兼ねる巻になろうか、と思います。そうなれば、全巻（別巻を入れると十三巻）の誤植・誤記の訂正はもちろん、総目次、総索引もつけたいと考えています。

まずは、八重ブームが去らなければ、それも無理です。来年以降は、八重熱も鎮静しているはずですから、じっくりと時間をかけて、ていねいに取り組めるのでは、と期待しております。シリーズの完結まで、もう少し続けてご愛読、ご支援をお願いいたします。

今回も、たくさんの方のお世話になりました。とりわけ、画像（提供）の点では、同志社大学（社史資料センター、神学部）、群馬県立土屋文明記念文学館、大戸雅之氏、山下智子氏、新島学園に感謝いたします。

二〇一三年五月二十八日

本井康博

索　引

新島襄

新島八重

A

B

C

DA

G

HA

HI

HO

I

J

KA

KE

KO

KU

KYO

MA

ME

MO

NA

NI

O

P

R

SA

SE

SHA

U

V

W

YA

YO

Z

著者紹介

本井康博（もとい・やすひろ）

元同志社大学神学部教授（1942年生)。神学博士。

専攻は日本プロテスタント史、とくに新島襄ならびに同志社史。『新島襄と徳富蘇峰』（晃洋書房、2002年)、『新島襄の交遊』（思文閣出版、2005年)、『新島襄と建学精神』（同志社大学出版部、2005年)、同志社編『新島襄の手紙』（共編、岩波文庫、2005年)、同志社編『新島襄　教育宗教論集』（同上、2010年）などを出版。

現在、「新島襄を語るシリーズ」全10巻・別巻3巻を刊行中。

八《や》重《え》の桜《さくら》・襄《じょう》の梅《うめ》

2013年6月30日初版発行

定価：本体1,900円（税別）

著　者　本井康博
発行者　田中　大
発行所　株式会社思文閣出版
605-0089　京都市東山区元町355
電話　075-751-1781（代表）

印　刷
製　本　株式会社　図書印刷　同朋舎

ISBN978-4-7842-1699-4 C1016